アスペルガーの子育て 200のヒント

ブレンダ・ボイド 著

落合みどり 訳

東京書籍

編集注

◎ 2013年5月アメリカ精神医学会のDSM-5の診断基準の改訂によって、従来のアスペルガー障害（症候群）は自閉症スペクトラム障害/自閉スペクトラム症の分類に統合されるかたちになりました。したがって、本文の記述のなかのASは、Asperger SyndromeとAutism Spectrumのいずれの意味に受け取っていただいてもさしつかえないと思われます。

◎ 本書の内容は、診断基準を満たしていない自閉症スペクトラムの人にも役立つことが多いと思われます。

※ 本書は、『アスペルガー症候群の子育て200のヒント』（2006年1月17日 第1刷、2010年2月24日 第5刷発行）の新訂版です。

Parenting a Child with Asperger Syndrome
200 Tips and Strategies
by Brenda Boyd

First published in the United Kingdom in 2003
by Jessica Kingsley Publishers Ltd
Copyright © 2003 by Brenda Boyd
Japanese edition copyright © 2006, 2015 by Tokyo Shoseki Co., Ltd.
All rights reserved.

ISBN 978-4-487-80928-8　C0037
Printed in Japan

亡き父 ギャレット・アントニー・オライリーを偲んで

謝　辞

　この本を書くために助けになってくれた、すべての人たちに感謝します。特に、次の人たちに感謝の言葉を贈ります。

- 夫のクリスへ。私の頼みの綱であり、アイデアマンであり、物事がより明確になるようにたびたび助けてくれたことに、そして何があっても耐えてくれたことに。

- 娘のクリスティンへ。私を信じ、終始私を支えてくれたことに。

- 友人のキャロルへ。さまざまな提言をしてくれたことに、そしてするべき仕事の重要性を信じさせてくれたことに。

- 姉のモーラへ。この本がより実用的に仕上がるべく舵取りをしてくれたことに。

- 'ナンナ' マーガレットへ。最終原稿を入念にチェックしてくれたことに。

- 最後になりましたが、何よりも息子のケネスへ。彼の前向きで勇気ある姿勢が私を奮い立たせてくれたことに、そして、私に本を書くだけのものを与えてくれたことに！

もくじ

謝　辞 ……………………………………………………………… 5
訳者まえがき …………………………………… 落合 みどり ……… 14
すぐに対処が必要なときの使い方 …………………………………… 16
はじめに …………………………………………………………… 17
　本書の構成 …………………………………………………………19
　きょうだいのために／周囲の方々へ／
　　子どもの表記について ……………………………………… 20

1　まず、基礎を固めましょう ─────────── 21
自分自身を振り返ってみましょう ……………………………… 21
　ヒント 1　蓄えをたくさん持ちましょう（冷蔵庫のたとえ）　23
　ヒント 2　人の力を借りましょう　24
　ヒント 3　感情的にならないようにしましょう　24
　ヒント 4　自分の生活をおろそかにしないようにしましょう　25
　ヒント 5　直面している課題から取りかかりましょう　25
　ヒント 6　す・ま・あ・と・な目標を立てましょう　26
　ヒント 7　療育のアイデアは、いつでも引き出せるように
　　　　　　しておきましょう　26
　ヒント 8　子どもを甘やかしすぎないようにしましょう　27
　ヒント 9　話し相手を見つけましょう　28
　ヒント 10　お母さん方へ ── 自分を大事にしましょう　28
　ヒント 11　よけいな神経をとがらせないようにしましょう　28

受容と理解 ……………………………………………………… 29
　ヒント 12　診断を受け入れましょう　30
　ヒント 13　ASをもっとよく知りましょう　31
　ヒント 14　他の子どもと比較しないようにしましょう　32
　ヒント 15　ASの人のかたくなさを理解しましょう
　　　　　　 （車と電車のたとえ）　32
　ヒント 16　トラブルの原因を探りましょう　33
　ヒント 17　問題点を指摘（注意）するためには、
　　　　　　 信頼関係が前提になります　35
　ヒント 18　子どもの味方になりましょう　36

健全な自尊心（セルフエスティーム）を育みましょう ……………… 37
私たちにできること　38
　ヒント 19　正しい行いを見逃さない　38
　ヒント 20　しかるよりほめましょう　39
　ヒント 21　ポジティブなものの考え方を教えましょう　39
　ヒント 22　恥をかかせないように気をつけましょう　40
　ヒント 23　一緒に行動を計画しましょう　40

不安を減らしましょう　41
- AS と不安　41
- 不安が起きるわけ　42
- "AS の不安"　42
- 私たちにできること　44
- 理解し、許容すること　45
  - ヒント 24　表に現れない不安に気づきましょう　45
  - ヒント 25　原因を探りましょう　46
  - ヒント 26　不安レベルを適切に保ちましょう　47
- 順序、構造、見通し　48
  - ヒント 27　いつもと違う時は気をつけましょう　48
  - ヒント 28　「掲示板」を利用しましょう　48
  - ヒント 29　タイマーやストップウォッチを使いましょう　48
  - ヒント 30　情報は視覚的に伝えましょう　49
  - ヒント 31　ラミネーターを使いましょう　49
- その他　50
  - ヒント 32　体を動かしましょう　50
  - ヒント 33　気を逸らすように誘導しましょう　50
  - ヒント 34　「ぐうたらデー」を設けましょう　50

2　ベストをつくしましょう　51
社会性と感情のギャップを埋めるには　51
- 正直に言う？ 言わない？——人づきあいの葛藤　53
  - ヒント 35　AS の正直さを長所と認めましょう　55
  - ヒント 36　何が欠けているのか確認しておきましょう　55
- 自覚を促しましょう：そのためのちょっとしたテクニック　57
  - ヒント 37　お手本と話し合い　57
  - ヒント 38　"感情のギャップ"を埋めるフィードバック　59
- 自覚を促しましょう：いくつかの方法　59
  - ヒント 39　『感情ノート』　59
  - ヒント 40　比喩的表現　60
  - ヒント 41　ロールプレイ　60
  - ヒント 42　探偵ごっこ　61
  - ヒント 43　感情のレベル　61
  - ヒント 44　"感情を表す語彙"を増やす　61
- 遊びとソーシャルスキル：いくつかのアイデア　62
  - ヒント 45　世話係をつけましょう　62
  - ヒント 46　安心して遊べる日を計画しましょう　62
  - ヒント 47　得点係にしましょう　62
  - ヒント 48　まねまねゲーム　63
  - ヒント 49　かわりばんこ（じゅんばんこ）　63
  - ヒント 50　インターネットを活用しましょう　63

療育的アプローチ ……………………………………… 63
- ヒント 51　力を抜いて穏やかに　　　　　　　　　64
- ヒント 52　味方になる　　　　　　　　　　　　　65
- ヒント 53　コミュニケーションは明確に　　　　　65
- ヒント 54　ほめて育てる　　　　　　　　　　　　66
- ヒント 55　優しくきっぱりと　　　　　　　　　　66
- ヒント 56　フィードバックしましょう　　　　　　67
- ヒント 57　融通をきかせましょう　　　　　　　　67
- ヒント 58　事前によく考えましょう　　　　　　　68
- ヒント 59　一貫した対応をするようにしましょう　68
- ヒント 60　取り組むべき課題かどうか見極めましょう　68
- ヒント 61　タイミングを見計らいましょう　　　　69
- ヒント 62　ユーモアを忘れずに　　　　　　　　　69

大人の言うことを聞くようにするには ……………… 70
動機の問題　　　　　　　　　　　　　　　　　　70
指示に従わせるには　　　　　　　　　　　　　　71
- ヒント 63　どのようにすべきか分かるようにしましょう　71
- ヒント 64　基本的な決まりを作りましょう　　　　71
- ヒント 65　ものごとの是非は明確に伝えましょう　71
- ヒント 66　選択肢を与えましょう　　　　　　　　72

動機づけをするには　　　　　　　　　　　　　　73
- ヒント 67　チャレンジしてみましょう　　　　　　73
- ヒント 68　「がんばりカード」　　　　　　　　　　73
- ヒント 69　にこにこマーク☺としょんぼりマーク☹　73
- ヒント 70　ごほうびコイン　　　　　　　　　　　74

トラブルへの対処 ……………………………………… 75
- ヒント 71　サインを決めて使いましょう　　　　　75
- ヒント 72　ちょっとしたゲーム　　　　　　　　　76
- ヒント 73　相手のペースにはまらないようにしましょう　76
- ヒント 74　怒りにまかせて脅かさないように
  　　　　　気をつけましょう　　　　　　　　　　77
- ヒント 75　「AをしたらBをする」の公式　　　　77
- ヒント 76　要望 → 命令 → 罰　　　　　　　　　　77
- ヒント 77　険悪なまま会話を終わらせないこと　　78

3　よくあるトラブルとその対処法 ───── 79
怒りと攻撃 ………………………………………………… 80
ASらしい極端さ　　　　　　　　　　　　　　　80
短期的な対策と長期的な対策　　　　　　　　　　81
- ヒント 78　幼児期から始めましょう　　　　　　　82
- ヒント 79　怒りを無難に表現し、上手に処理する方法　82
- ヒント 80　危険な状況を回避するためのステップ　83
- ヒント 81　我慢できたらごほうび　　　　　　　　83
- ヒント 82　口汚い言葉にはおどけてしまいましょう　83

危険な状況になってしまったら　　　　　　　　　　　　84
- ヒント83　危険な状況になってしまったらどうするか
　　　　　　考えておきましょう　　　　　　　　　　　84
- ヒント84　爆発する前に怒りの芽を摘み取りましょう　　84
- ヒント85　落ち着いていましょう　　　　　　　　　　85
- ヒント86　脅しに負けないようにしましょう　　　　　85
- ヒント87　一人にしてみましょう　　　　　　　　　　85

注意に関する困難　　　　　　　　　　　　　　　　　　86
ASらしい極端さ　　　　　　　　　　　　　　　　　　86
トラブルを分析してみましょう　　　　　　　　　　　87
トラブルへの対応　　　　　　　　　　　　　　　　　88
- ヒント88　具体的に指示しましょう　　　　　　　　　89
- ヒント89　負担をかけすぎないようにしましょう　　　89
- ヒント90　紙に書いたり、目で見て分かるように
　　　　　　工夫しましょう　　　　　　　　　　　　　89
- ヒント91　スケジュールや予定を管理するツールを
　　　　　　与えましょう　　　　　　　　　　　　　　90
課題に集中させるためのアイデア　　　　　　　　　　90
- ヒント92　気が散るものを取り除くようにしましょう　90
- ヒント93　「AをしたらBをする」の公式を使いましょう　90
- ヒント94　時間を決めましょう　　　　　　　　　　　91
- ヒント95　「どこまでできたかなカード」を作りましょう　91

睡眠と就寝に関するトラブル　　　　　　　　　　　　　92
家族への影響　　　　　　　　　　　　　　　　　　　92
解決への取り組み　　　　　　　　　　　　　　　　　93
- ヒント96　日中の不安を減らしましょう　　　　　　　93
- ヒント97　眠りにつくための手順を決めましょう　　　94
- ヒント98　寝る準備の進め方を掲示しておきましょう　94
- ヒント99　寝る部屋を明るくしすぎないようにしましょう　95
- ヒント100　"前向きなお話"をするようにしましょう　　95
- ヒント101　寝かせるために目覚まし時計を使いましょう　95
- ヒント102　特製テープかCDを作りましょう　　　　　96
- ヒント103　ラベンダーの効用　　　　　　　　　　　96

うつ　　　　　　　　　　　　　　　　　　　　　　　　97
ASとうつ　　　　　　　　　　　　　　　　　　　　97
- ヒント104　用心を怠らないようにしましょう　　　　98
- ヒント105　愛されているという心のよりどころを
　　　　　　　築きましょう　　　　　　　　　　　　99
- ヒント106　一緒の時間を作りましょう　　　　　　　99
- ヒント107　共感的に聞きましょう　　　　　　　　　99
- ヒント108　成功感を感じられるようにしましょう　　100
- ヒント109　守るべき時には守ってあげましょう　　　101
- ヒント110　必要に応じて医療の助けを借りましょう　101

食事に関するトラブル　　　　　　　　　　　　　　　　102
食に関する問題を理解しましょう　　　　　　　　　　102

親の思い	104
食が細い場合	106
ヒント111　調理をシンプルにしましょう	106
ヒント112　量を少なくしましょう	106
ヒント113　食後のお楽しみを用意しましょう	106
ヒント114　ピューレスープにしてしまいましょう	107
ヒント115　サプリメントを活用しましょう	107
食べ過ぎる場合	107
ヒント116　食品構成を守りましょう	107
どちらの場合でも	108
ヒント117　運動	108
ヒント118　食事の時間を一定にしましょう	108
ヒント119　プレッシャーをかけないようにしましょう	108
ヒント120　継続しましょう	108
ヒント121　食事のしたくを一緒にしましょう	109
ヒント122　食べた物のリストを作りましょう	109
ヒント123　献立表を作りましょう	109
ヒント124　専門家の支援を受けましょう	109

字を書くこと ……………………………………………… 111

「字を書くのは嫌いだ！」	111
字を書くのが嫌いなのはなぜ？	112
解決への取り組み	113
ヒント125　ちょっとずつ何度も練習しましょう	114
ヒント126　目標を見つけましょう	115
ヒント127　書く気にさせるような道具を使いましょう	115
ヒント128　ゆっくり丁寧に書くお手本を示しましょう	115
ヒント129　「いろはうた」で練習する	115
ヒント130　ページを空けて書いたり1行空けて書くようにしましょう	116
ヒント131　必要なら専門家の支援を受けましょう	116
書字に役立つゲームなど	116
ヒント132　できるかなコンテスト	116
ヒント133　知育ブック	116
ヒント134　紙と鉛筆のゲーム	117
ヒント135　伝言ゲーム	117
ヒント136　宝探し	117

宿題の監督 ……………………………………………… 118

解決への取り組み	118
勉強に取り組める環境にするために	119
ヒント137　準備しましょう	119
ヒント138　監督しましょう	119
ヒント139　環境を整えましょう	119
ヒント140　「AをしたらBをする」の公式を使いましょう	120

運動機能と協調運動 …………………………………………… 121
子どもの困難を見抜きましょう　121
- ヒント 141　できることを伸ばしましょう　122
- ヒント 142　楽しくやりましょう　123
- ヒント 143　挑戦させるようにしましょう　123
- ヒント 144　必要に応じて専門家の支援を受けましょう　123

ゲームと遊び　123
- ヒント 145　お手玉遊び　123
- ヒント 146　障害物サーキット遊び　124
- ヒント 147　ししゅう遊び　125

完全主義 …………………………………………………………… 126
この問題の影響　126
どうしてなのか理解しましょう　127
無気力と完全主義、失敗への恐れ　128
解決への取り組み　129
- ヒント 148　失敗に対して"賢明になる"ように教えましょう　130
- ヒント 149　結果よりも努力をほめましょう　131
- ヒント 150　試合の勝ち負けにこだわらなくなるように指導しましょう　132
- ヒント 151　失敗してみせましょう　133
- ヒント 152　失敗を打ち明け合いましょう　133
- ヒント 153　家訓を作りましょう　134
- ヒント 154　健全な自尊心を育みましょう　134

かたくなさ ………………………………………………………… 135
変化への抵抗　136
強情でひとりよがり　136
強迫的　137
- ヒント 155　ASの子どもは融通を利かせるのが難しいことを忘れないようにしましょう　138
- ヒント 156　情報はこまめに、でも誤解を与えないようにしましょう　138
- ヒント 157　不安を減らしましょう　139
- ヒント 158　少しずつ柔軟性を高めるようにしましょう　139

学校でのこと ……………………………………………………… 140
学校は楽しいところ？　140
子どもの視点に立ってみましょう　141
いじめの問題　142
学校の価値　144
前向きに考えましょう　144
解決への取り組み　144
- ヒント 159　子どもに合った学校を選びましょう　145
- ヒント 160　学校生活に向けて準備と指導をしましょう　146
- ヒント 161　警戒を怠らないようにしましょう　147
- ヒント 162　家を安心できる天国にしましょう　148

ヒント 163　コミュニケーションのパイプを繋げておきましょう　148
ヒント 164　専門家と連携しましょう　149
ヒント 165　専門的な検査を受けましょう　150
ヒント 166　いじめの問題に対処するには　151
ヒント 167　いじめの問題を学校に持ちかけるには　152
ヒント 168　学校からの"タイムアウト（一時避難）"　153

感覚敏感性の問題 …………………………………………… *155*
子どもの視点に立ってみましょう　155
よくみられる感覚敏感性の例　156
感覚敏感性を理解しましょう　157
ヒント 169　不安を減らしましょう　158
ヒント 170　許容しましょう　158
ヒント 171　敏感性を下げるように努めましょう　159
ヒント 172　感覚統合　159
ちょっとした遊び　159
ヒント 173　サンドイッチごっこ　160
ヒント 174　へなちょこタクシーごっこ　160
ヒント 175　椅子ごっこ　160

特別な行事やお出かけ …………………………………………… *161*
"特別な"行事　161
解決への取り組み　162
ヒント 176　どんな内容なのか率直に言いましょう　163
ヒント 177　"予備のプラン"を作っておきましょう　164
ヒント 178　早めに行きましょう　164
ヒント 179　フィードバックし、ほめ、励ましましょう　165
ヒント 180　サインや合図をしましょう　165
車で出かける時の工夫　165
ヒント 181　座席表を作りましょう　165
ヒント 182　地図を持って行きましょう　166
ヒント 183　日程表を用意しましょう　166
ヒント 184　休憩をスケジュールに入れておきましょう　167
ヒント 185　テープやCDを持って行きましょう　167
ヒント 186　本を持って行きましょう　167
ヒント 187　"しゃべったらアウト"ゲーム　167
ヒント 188　「○○調べ」をしましょう　167
ヒント 189　"20の質問"ゲーム　168
ヒント 190　パズルの本を持って行きましょう　168

話すこと・会話すること …………………………………………… *169*
話すこと　169
会話のスキル　169
解決への取り組み　170
ヒント 191　会話は明確に　171
ヒント 192　考える時間を与えましょう　171

ヒント 193　"お助けフレーズ"を教えましょう　　　　　　172
　　　ヒント 194　けじめをつけましょう　　　　　　　　　　　173
　役に立つゲームと遊び　　　　　　　　　　　　　　　　　　**173**
　　　ヒント 195　お手玉を使ったゲームをしましょう　　　　　173
　　　ヒント 196　早口言葉でやってみましょう　　　　　　　　173
　　　ヒント 197　大きな声で本を読みましょう　　　　　　　　174
　　　ヒント 198　留守番電話にメッセージを録音しましょう　　174
　　　ヒント 199　レコーダー（ICやテープ）を使いましょう　　174
　　　ヒント 200　"はっきり話す"ゲーム　　　　　　　　　　　174

4　親御さんたちへ ──────────── 175
　すてきな贈り物 ……………………………………………… *175*
　ASの子育てから学んだこと ………………………………… *176*
　アスペルガー星 ……………………………………………… *177*

巻末資料 ─────────────────── 179
　資料 1　応用行動分析（ABA）………………………………… *180*
　資料 2　ABAの療育プラン …………………………………… *182*
　資料 3　ごほうびコイン ……………………………………… *184*
　資料 4　我が家の決まり ……………………………………… *187*
　資料 5　感情ノート …………………………………………… *189*
　資料 6　怒った時にやってよいこと・いけないこと ……… *191*
　資料 7　感情が表れる言葉 …………………………………… *192*
　資料 8　にこにこマーク☺ としょんぼりマーク☹ ……… *194*
　資料 9　スモールステップに分ける ………………………… *195*
　資料 10　はっきり話すゲーム ………………………………… *196*
　資料 11　そのつもりはなくても人を傷つけてしまうこと　*198*
　資料 12　悪意のあるからかいと悪気のない冗談 ………… *200*
　資料 13　いじめってなに？ ………………………………… *202*
　資料 14　いじめにあった時にやってよいこと・
　　　　　いけないこと ……………………………………… *204*
　訳注 …………………………………………………………… *205*
　役に立つサイト ……………………………………………… *206*
　本書を読んで ……………………………… 高橋 和子 ……… *208*
　参考文献 ……………………………………………………… *210*

訳者まえがき

　著者ブレンダ・ボイドさんは、『ぼくのアスペルガー症候群 ― もっと知ってよ　ぼくらのことを』(東京書籍)を書いたケネス・ホール君のお母さんです。ブレンダさんは、医師でもなければ心理学者や教育学者でもないし教師でもありません。しかし本書は、母親としての誇りと自信に満ちていて、本当に役に立つ子育てのヒント集になっています。そして、描かれている子どももまた、学術的に構築されたものではない生身のアスペルガー症候群(以下、AS)の実像です。つまりここには、原寸大のASの子どもと、その子どもと共に生きる家族の姿があるのです。
　当然ですが、子どもの養育は親だけが行うものではありません。特にASのような発達障害の子どもの場合には、専門家の適切な判断や指示が必要ですし、さまざまな立場の支援者の協力を仰がねばならないことがたくさんあります。また、どのような子どもでも知識や理論だけですべてを押し進めることはできません。個々の場面で子どもにどのように接し・何を言い・どう受け答えをすればいいか、その場その場の微妙な違いやかけひきがあり、さじ加減も必要になります。"日常"とは、24時間まさにその連続です。ASの子どもの認知や感覚の特性を把握し、療育の方法論を頭に叩き込んでいても、現実の生活の中で実際に使えなければ意味がないのです。その考えられる場面の一つ一つを細かく分けて見出しを立ててあるのは本当に便利ですし、まさに現場のプロの発想です。
　とはいえ、ASの子どもを育てる母親の気持ちもさまざまです。障害を認め、受容する過程のどの段階にいるかによっても違うでしょう。療育というと大袈裟に聞こえますが、実際は、ASのASらしさをトラブルと感じることが往々にしてトラブルの最大の原因になり、ASだからこういうことをして当たり前だと飲み込んでしまえば簡単になることが多いものです。しかし、ASでない人にとってはそれが最も難しいことのようです。更に、諦めずに、できることは何でもやる覚悟を決めるまでには相当の時間がかかるかもしれません。その点に関してもブレンダさんは、(ASでない人がASの子どものことを書いているので想像の域を出ていないところもありますが)ASでない人たちに自然に受け入れられる考え方でASの行

動を解釈してくれています。ASの子ども本人にも、ASでない他の人たちの双方にもストレスをためず長く続けられるやり方をすること、これが終始一貫した信条として底流にあるように見受けられます。

　よく、「ASの子どもや人は、考えが凝り固まっていて人との関わりもとれないので、とりつく島もない」と言われます。しかし著者の息子のケネス君はとても素直に指導に応じています。それは、ABA（応用行動分析）の手法を用いてあれこれ教えたからなのでしょうか？　答えは、NO！です。確かにケネス君には効果的だったABAを紹介している部分もありますが、有効な手段として言及されているのみです。巻末資料に述べられているように、ABAの最大の効用は何かができるようになったということではなく、親子の間に一つのチームとしての仲間意識ができたこと、これがケネス君の素直さの一番の理由ではないかと思います。

　ASでない人から見れば、接近すると逃げたり、教えよう・指導しようとすると拒絶したりするASの子どもは、放っておいた方が面倒にならないし本人もそう望んでいると思ってしまうかもしれません。しかし、ASの子どもにとって最も困るのは、必要なトレーニングを受けられないことではなく、愛され・理解された実感を得ないまま大人になってしまうことです。本当は、ASの子どもが同じ言葉をどんな風に解釈してしまうか、いかに孤独になりやすいか、どこにコミュニケーションのズレが生じるかといったことを理解し、ASの子どもの立場に立ってASの子どもに受け入れられるように愛情を示す方法が必要だというのに……。それは、いろいろできる人になるように教え込むのでも、ASでない人の気持ちや母親の愛情を押しつけるのでもありません。あらゆる人間関係の元になる親子の絆を形成しながら、ASのままで自信を持って生きられる人になるための基盤を作ることに他ならないのです。

　子どもはどんどん成長します。近くに療育施設がなければASの子どもが育てられない、ということもありません。本書の中からご自分のお子さんに必要な項目を拾って、使えるものは今すぐにでも試してみていただきたいと思います。

落合みどり

すぐに対処が必要なときの使い方

● **もくじの3 よくあるトラブルとその対処法**（8〜13ページ）の中から該当する項目を探し、そのページを開いて読むことをおすすめします。

はじめに

　人の親になることは、人生で最も大切な仕事の一つです。しかし私たちは、親としてすべきことをどのようにして学んでいるでしょうか？　他の重要な仕事をするためには、学校で学んだり資格をとったりする必要があるのに、親のつとめは、知っていて当然のように思われているものです。たいてい私たちは、人のやり方を（特に、自分自身の両親が私たちを育てたやり方を）見て学習します。普通なら、これで十分うまくいきます。しかし、アスペルガー症候群（AS）の子どもがいる場合には、そのやり方ではどこに向かって進んだらいいのか分からなくなってしまうことが往々にしてあります。典型的なASの子どもは、子育ての常識のすべてをくつがえすようなことをしてくれるからです。しかも、さらに多くのことも…。ASの子どもを持つ親同士なら、お互いに分かりあえることが多いものです。なぜなら、ほとんどみんなが、非常によく似た経験をしているからです。けれども、ASの子どものいない人がASの子どもの子育てのたいへんさを本当に理解することはまず不可能です。そのために、ASの子どもの親たちは、たいへんな孤独感を抱いてしまうことになるのです。

　私には、子どもが2人います。娘と息子です。娘はもう成人していて、ありがたいことに、魅力的で分別ある人物に育ってくれました。今では私の大の親友です。子どもの頃、彼女は、おおらかで、素直で、とても育てやすい子どもでした。でも、息子のケネスときたら、最初から、まるっきり違っていました。

　ケネスが幼かった頃には、トラブルと心配の種が尽きることはありませんでした。どうしてケネスがこうなのか長い間誰にも分からずじまいでした。トラブルのほとんどは考えようによってはそれほど異常とは思えなかったし、似たような子どもは他にもたくさんいるものだとよく私は自分に言い聞かせていました。でも、心の奥底では、何かが違うと気づいていました。ケネスの抱えている困難は並はずれていて、大きくなっても変わりそうになかったのです。傍からは、甘やかされて育った、問題の多い、

不幸な子どもとしか見えていなかったことでしょう。私にはそれが嫌でした。自分を責めたこともありましたし、彼を責めたこともありました。8歳になって、ようやく彼がアスペルガー症候群（ご存じかとは思いますが、高機能自閉症と言われることもあります）と診断された時には、複雑な心境でした。悲嘆に暮れ将来を案じる私と、やっと説明がついてホッとした私がいました。結局、診断が下ったことはとても大きな助けになりました。でも、私は相変わらず孤独で、直面する課題に追われて途方に暮れていました。知人は誰も分かってくれませんでしたし、私が必死に探し求めていた子育てのアドバイスができる人は一人もいなかったからです。

　診断が下ることで、親にとってはこれまで歩んできた苦しく悩み多き道はひとまず終わりを告げます。アスペルガー症候群についての勉強を始めるや否や、たくさんのことに説明がつくようになりました。しかし当然のことながら、診断がついたからといってトラブルがたちどころになくなってしまうわけではありません。私たちは、相変わらずとても骨の折れる課題に直面したままで、"通常の"子育て法のベストを尽くしてもなかなかうまくいきませんでした。聖人君主の忍耐力とソロモンの智慧を合わせても、まだ足りないのではないかとさえ思ったものでした。

　アスペルガー症候群の子どもが私たちに突きつける難問とニーズに対処することは、重要な責務であり、困難な課題です。アスペルガー症候群の子どもをたちどころに変えてしまう魔法は存在しません。本書は、応急処置のためと言うよりも、アイデアの道具箱として役立つことを目指して書いたものです。是非、この道具箱に手を入れてあなたが必要とするアイデアを探り当て、さまざまな問題を解決へと結びつけていただきたいものです。少なくとも、あなたとご家族の日々の生活が少しでも楽になるためのヒントを見つけていただけるのではないかと思っています。

本書の構成

　本書の本文は、基本的な考え方・療育のヒント・対処法からなり、掲載順に連番になっています。見つけやすいように、タイトルは囲みにしています。
　本書の構成は、次のようになっています。

1. まず、基礎を固めましょう（21~50ページ）
　この章では、ASの子どもが、自分が愛され、受容されていると感じられるようにするための方法が書かれています。さらに、それが達成しにくい理由にも触れています。また、共感、自己有能感の確立、不安の軽減といったことにも踏み込んでいます。

2. ベストをつくしましょう（51~78ページ）
　この章では、ASの子どもへの最善の介入法を探り、ASの子どもの社会生活や感情に関するスキル学習を助ける方法をいくつか紹介します。規範意識と動機を高めるためのアイデアや、困難な局面に対処するアイデアも含まれています。

3. よくあるトラブルとその対処法（79~174ページ）
　この章では、アスペルガー症候群によくみられるトラブルの一つ一つに焦点を当て、ちょっとした説明と対処法を紹介しています。

4. 親御さんたちへ（175~178ページ）
　ここでは、ASの子どもを育てた経験から得た個人的見解をいくつか述べています。「すてきな贈り物」「ASの子育てから学んだこと」「アスペルガー星」の三本立てです。

きょうだいのために

　家族にASの子どもがいると、他のきょうだいたちは、「自分がなおざりにされている」と思ってしまいがちになります。なぜなら、親たちがASの子どもに時間と手間をとられてしまうからです。きょうだいたちはそんな状況を腹立たしく感じるようになるでしょうし、おとなしくしていて要求しないでいることで損しているとも思ってしまうようです。そうなってしまわないためにも、できる限りASの子どもと同じやり方で他のきょうだいたちを育てるようにすると良いと思います。ASの子育てアイデアには、どんな子どもにも共通して役立つものがたくさんあります。中には、とっても楽しいものもありますよ！

周囲の方々へ

　子どもの養育に最も責任を負っているのは、言うまでもなく親です。しかし、おじいさん・おばあさん、おじさん・おばさん、親戚、教師、支援スタッフ、友人といった周囲の人たちも、子どもたちに愛情を注ぎ世話をする上で大切な役割を担うことがよくあります。本書は、親御さん以外の支援者にも役に立つことでしょう。

子どもの表記について

　本書では、"アスペルガー症候群の子ども"のことを、"ASの子ども"と書いています。これは、私の息子がこの言い方を好んでいるからです。ご承知いただきたく思います。

編集注：　2013年5月アメリカ精神医学会のDSM-5の診断基準の改訂によって、従来のアスペルガー障害（症候群）が自閉症スペクトラム障害/自閉スペクトラム症の分類に統合されることになりました。ASはそれぞれの英語名 Asperger Syndrome と Autism Spectrum のいずれとしてもさしつかえないと思われます。

1
まず、基礎を固めましょう

自分自身を振り返ってみましょう
受容と理解
健全な 自尊心(セルフエスティーム) を育みましょう
不安を減らしましょう

自分自身を振り返ってみましょう

　どんな子どもにとっても最も必要なのは、無条件の愛です。これは、人の子の親になれば誰しもが自然に分かることです。無条件の愛は、この世で最も大きな力です。自分が、守られ、愛され、ありのまま受け入れられていると感じられる子どもは、人生のすべての領域で健全な発達を遂げることでしょう。もちろん、私たち親は、ただ子どもを愛していればいいというものではなく、自分が心底から愛されていると子ども自身が実感できるようにも努めなければなりません。子育ては、自分が愛されていると子ども自身が実感できているという基礎の上に築き上げられていくものだからです。

子どもがASの場合は、この重要な基礎を作ることが非常に難しいのです。それにはたくさんの理由があります。例えば、ASの子どもは現実的な自己イメージを持ちにくい、不安を感じやすい傾向がある、社会的なトラブルを多く抱えている、動機づけがしにくい、行動のコントロールがしにくいといったことがあげられます。ASの子どもが世の中にかかわろうとする時には、これらのことが大きな問題になります。しかしだからこそ、あらん限りの「私はあなたが大好き」というメッセージを、強くそして明確に親から本人の耳に送り届けることが必要なのです。

　後ほどこの章の中で、ASの子どもが、自分が守られ愛され受容されているという理解に基づいて安定した生活を送るために、私たちにできるとっておきの方法を提案します。

　ASの子どもがいると、きっと子どものために何度も何度も奔走しなければならなくなることでしょう。しかし、行動する前に自分自身を振り返った方が良いことだってあります。子どもがASだと、子ども自身の生活だけでなく、子どもの周囲にいる人たち（特に親）の生活にも重大な影響を及ぼします。でも、私たち親が自分自身をおざなりにしたら、ストレスやイライラ、怒りがだんだんにたまっていつ爆発するか分からないですし、健康を害してしまうでしょう。こんな状態があまりにも長く続くと、やがて燃え尽き憔悴しきって病気になってしまうかもしれません。しまいには、他人を気遣う気力も失せてしまい、家族全員が病んでしまうでしょう。そうならないために、ASの子どもたちへのニーズを学ぶ前に、自分自身のニーズが満たされているかをきっちりと把握しておきましょう。

療育のヒント
自分自身を振り返ってみましょう

1. 蓄えをたくさん持ちましょう（冷蔵庫のたとえ）
2. 人の力を借りましょう
3. 感情的にならないようにしましょう
4. 自分の生活をおろそかにしないようにしましょう
5. 直面している課題から取りかかりましょう
6. す・ま・あ・と・な 目標を立てましょう
7. 療育のアイデアは、いつでも引き出せるようにしておきましょう
8. 子どもを甘やかしすぎないようにしましょう
9. 話し相手を見つけましょう
10. お母さん方へ —— 自分を大事にしましょう
11. よけいな神経をとがらせないようにしましょう

ヒント1　蓄えをたくさん持ちましょう（冷蔵庫のたとえ）

　自分自身を、食べ物がいっぱい詰まった冷蔵庫にたとえてみましょう。冷蔵庫にたくさんの蓄えがあれば、自分の子どもや大切な人たちにいつでも分け与えられます。しかし人に与えると、与えた分だけ蓄えが減っていきます。減った分を再び補充しなければ与える余裕が少なくなり、しまいにはすっからかんになってしまうでしょう。そうならないために、"常に冷蔵庫をいっぱいにしておく"ように目を光らせるのです。コツは、自分が必要と思うものを蓄えておくことです。そうすれば、子どもが欲しがった時にいつでも与えるゆとりを保てます。

　自分自身だけのためにいつもできることを確保するように、特に心がけましょう。例えば、休息したり、スポーツクラブに行ったり、温泉に行っ

たり、友だちとお茶を飲みに行ったり、散歩したり、好きな音楽を聴いたり…。自分が楽しいと思うこと、自分自身のためになることなら何でもやりましょう。自分一人で楽しむことをうしろめたいなんて思わないことです！　自分の冷蔵庫に十分な蓄えがあればこそ愛する人たちにたくさん与えられる、そう自分に言い聞かせましょう。

ヒント2　人の力を借りましょう

　利用可能な支援ネットワークを、できる限り活用するように心がけましょう。必要な時に助けを頼めたり代わってもらえる人がいると、たいへん助かります。家族や友人がさしのべてくれる支援の手も、どんどん借りるようにしましょう。せっかくの申し出をはねのけて、自分一人が犠牲になることはありません。お住まいの地域に、支援してもらえそうな医療施設、社会福祉事業やサービス、ボランティア団体などがないか調べてみましょう。有料の支援サービスを受ける余裕があれば、あなたの健康のためにも精神的にも有益です。子どもの発達を学んでいる学生が、週に何時間か子どもの世話をする機会を求めていることもあります。地元の大学や新聞に、学生の求人広告を出してみるとよいでしょう（もちろん、面識のない人を雇う場合は、身元の確認などのチェックを怠らないようにしましょう）。

ヒント3　感情的にならないようにしましょう

　親として、私たちは、自分の子ども全員に等しく**愛を注ごうと思うでしょう**。しかし、子どもからの"愛情の見返り"を感じると心を動かされるのが人情です。人が自分の気持ちに応えてくれると、うれしくなってやる気が出るからです。ASの子どもの親は、自分が注いだ愛情に子どもが応えてくれる実感を得にくいという問題を抱えています。

　自分の子どもがほほえんでくれたり、抱きしめてくれたり、慰めてくれたり、励ましてくれたりせず、あるいは生意気だったり反抗したりもしな

いのは、親として辛いものです。そこで大切なことは、ASの子どもがどんなにそっけなくても、自分が子どもに愛されていないと思わないことです。ASの子どもがそっけないのは、あなたが嫌いで無視しているわけではないからです。ASの子どもは、どんな態度をしていても心の中ではあなたが大好きで、あなたからの愛情も求めていることを忘れてはなりません。

ヒント４　自分の生活をおろそかにしないようにしましょう

　ASの子育てにはたいへんなエネルギーが必要で、たくさんの時間を費やさなければなりません。子どもにかかりきりになっていると、それだけで生活の時間を奪われてしまいます。気をつけないと、自分自身の興味や打ち込むことまでも疎かになってしまいます。あなた自身の興味や人間関係を失ってしまわないように、意識してバランスを取るようにしましょう。

ヒント５　直面している課題から取りかかりましょう

　時には、取り組むべき困難な課題があまりにたくさん重なって、どうしていいか分からなくなってしまうことがあります。全部いっぺんに取りかかるなんてまず不可能です。そうなったら、いったいどこから始めればよいのでしょうか？

　そんな時には、一歩後ろにさがって、状況を現実的に分析してみましょう。目についた時にトラブルになっていることを書き出して、緊急性の高いものから優先して順番を決めます。トラブルの深刻さ、本人、あなた、周囲の人たちのそれぞれが困っている割合を重点に順番を決めます。順番は、友人や家族と一緒に決めるとよいでしょう。

　このような現実的なアプローチの大きな利点は、直面している課題から取りかかると、緊急を要する課題だけに的を絞れるので、あなた自身が休みをとれますし、その間ほかのことはなりゆきにまかせられることです。

ヒント 6　す・ま・あ・と・な 目標を立てましょう

　子どもの目についたところや自分自身をたちどころに変えてしまおう、なんて焦らないで下さいね。どんなことも、前向きに取り掛かれば一歩一歩進んでいくものです。**す・ま・あ・と・な** 目標を立てて、一息入れるようにしましょう。

　す・ま・あ・と・な 目標というのは、次の通りです。

　　　すこしずつ　　　（一度に多くを求めない）
　　　まんぞくできる　（達成感や満足感が感じられる）
　　　あせらない　　　（時間をかけてゆっくり取り組む）
　　　とりくめる　　　（無理なくできる範囲内で）
　　　なんとかなる　　（できそうなことを）

　例えば、「もっとお行儀良くしなさい」というのは、ASの子どもにとってすまあとでない目標です。「お客さんが3人来るから、今日一日お行儀良くしてね」と言えば、**す・ま・あ・と・な** 目標になります。

ヒント 7　療育のアイデアは、いつでも引き出せるようにしておきましょう

　療育のヒントや療法は人が使うためにあるので、逆ではありません。頭を柔らかくして、特定のヒントや療法にとらわれないようにしましょう。あるやり方でうまく行っているのなら、うまく行っている限りそのやり方を続けましょう。しかし、実際にうまく行かない、うまく行っているとは思えないのなら、その療法にこだわる必要はありません。ご自分の判断を信じましょう。あなたの子どもを一番よく知っているのは、あなたなのですから。ただ、そのやり方が全く合っていないのではなくて、時期(タイミング)が合っていないという場合もあります。今はうまくいかなくても、6ヶ月経てば

使えるようになることもあるし、逆に今ならぴったりで、6ヶ月後では遅すぎる場合もあります。自分の直感に従って、自分の子どもに使えそうなものを見極めることです。

ヒント8　子どもを甘やかしすぎないようにしましょう

　どんな子どもでも、甘やかしてわがまま放題にしたり物を与えすぎたりするのはよくありません。子どもを甘やかしすぎると、要求が多くて不平不満の多い子どもになり、自分たちがとても苦労するようになってしまうからです。特にASの子どもには、甘やかしがちになりやすい理由がいくつかあります。例えば、

- トラブルが起きた時に、何とかしてなだめようとしてついつい甘やかしてしまう
- 要求が強く、欲しい物があると言い張り、逆らうと衝突してしまうので安易に与えてしまう
- 子どもが落ち込んでいるのを見ると（時には、落ち込んでいる理由がさっぱり分からないこともあります）、なんとかして元気になってほしいと思うのは自然な感情です。子どものそんな様子を見ていると、気の毒になって親として責任を感じてしまい、ついつい甘やかしてしまう

　子どもを甘やかしがちになる主な理由は、子どもの機嫌を損ねたくない親心からです。しかし、**長い目で見れば、子どもを甘やかしすぎるのは、決して本人にとってよい結果にならない**ことを忘れてはなりません。それでは、本人に人生について非現実的な見方をさせるようになり、いずれ多くの失望とみじめな思いだけが本人に残るようになってしまうからです。NO! を言うのは、決して楽ではないことがありますが、そこでキッパリとした態度を取った方が、結局は自分にとっても本人にとってもためになります。

子どもに何かしてあげたくなったら、何かよいことをしたごほうびとしてあげるように工夫しましょう。例えば、子どもが新しいゲームソフトが欲しいと言ってきたら、こう言うといいでしょう。「お母さんも、ゲームソフトを買ってあげたいわ。〇〇をがんばったごほうびになら、いいわよ」。

ヒント9　話し相手を見つけましょう

　自分の感情を、内にためないようにしましょう。家族でも、夫でも、友だちでも、カウンセラーでも誰でもいいです。信頼して何でも話せる人や、思っていることを素直にぶちまけられる人が最低一人は必要です。話し相手が必要なのは、主に鬱憤を晴らすためです。それには、誰かに話すのが一番です！

ヒント10　お母さん方へ —— 自分を大事にしましょう

　努めて自分のことを棚に上げようとしない限り、母親というものは自分を責めてしまいがちになるものです。襟(えり)のホックは、自分で外さなければ、誰も外してくれません。自分をケアし大事にするのは、決してわがままなことではありません。飛行機に乗った時に、緊急時の指導で搭乗員が言う言葉を思い出してご覧なさい。「緊急事態が発生したら、人を助ける前にまず自分の酸素マスクをつけましょう！」って言うでしょう。

　子どもを愛する近道の一つは、**まずその子の母親である自分自身を愛する**ことです。このことを肝に銘じましょう。

ヒント11　よけいな神経をとがらせないようにしましょう

　傍から見れば、ASの子どもは、だらしなくて、態度の悪い、横柄な子どもに映っていることでしょう。それで人に嫌な顔をされたり文句を言わ

れたりしても、たいてい本人はまったく気づいていません。しかし親の方は、自分の子どもが非難や批判を受けている雰囲気を敏感に感じ取るものです。周りの人たちが子どもや自分のことを何と言っているだろうかと気が気でなくなってしまったら、次の言葉を思い出しましょう。**知らない人ほど、とやかく言うものだ。**

受容と理解

　ASの子どもが世の中に受容される場を見つけるのは、かなりたいへんです。ASの子どもは、いつになっても、社会的に"うまくやっていけない"ですし、そこにルールがあることさえ本人はまったく気づかないうちに、社会的ルールを破り続けることになってしまうからです。世間は、暗黙のルールを破る人を邪険にするものです。からかい、いじめ、仲間はずれといった仕打ちを繰り返ししてきます。それどころか、自分の家でさえ、自分が受容されている居場所だと思えないでいるかもしれません。その理由の一つは、ASの子どもの行動は正さなければならないことが多いので、しまいには「自分は非難と批判しかされない」と本人が思ってしまいやすいことです。また、ASの診断が下ったことを両親が悲観的にとらえてしまい、ついつい子どもに拒絶的な態度をとってしまうことも考えられます。ASの子どもは、自分が、ASと不可分ではない一人の価値あるユニークな人間のまま受容され、理解されていると実感できていなければなりません。本人も、それを望んでいます。ここでは、受容と理解のために親としてするべきことのヒントを、いくつかあげることにします。

療育のヒント
受容と理解

12. 診断を受け容れましょう
13. AS をもっとよく知りましょう
14. 他の子どもと比較しないようにしましょう
15. AS のかたくなさを理解しましょう（車と電車のたとえ）
16. トラブルの原因を探りましょう
17. 問題点を指摘（注意）するためには、信頼関係が前提になります
18. 子どもの味方になりましょう

ヒント 12　診断を受け容れましょう

　正直なところ、諸手をあげて診断を受け容れられる親は、ほとんどいないでしょう。誰だって、自分の子どもにレッテルを貼りたくはありませんから、そんな診断は否定しようと、必死に抵抗するものです。しかし、子どもが診断を受けた意味について慎重に考えなければなりません。

　診断を受けた直後、親は一時悲嘆にくれると言われています。それが普通でしょう。しかし、私たちはそれを乗り越えなければなりません。これから、長く辛い道のりが待っているのですから、いつまでも悲しんでばかりいられません。まず私たちが受けとめなければならないのは、私たちは幻を失って悲しんでいるという事実です。私たちは、夢に描いていた子どもの幻を失ったことを悲しんでいるのです。まずは、夢に描いた幻の子どもから自由になって、現実にいる素敵な子どもを受け容れ、喜びとしましょう。

　子どもが AS だからといって、親が誇りに思い無条件に受け容れる必要があることに変わりありません。それは、AS を受け容れるということでもあります。AS を拒絶するのは、子どもを拒絶することと同じです。AS

を受け容れ、迎え入れることは、子どもを受け容れ、迎え入れることと同じです。

ヒント 13　ASをもっとよく知りましょう

　ASの子どもは、ひとりひとりがユニークです。ASに共通する特徴を子どもがどの程度持っているかは、目を皿のようにして見なければ分からないかもしれません。しかし、ASを知れば知るほど、自分の子どもが分かるようになることがあります。知識は力になります。そして何よりも、理解は受容に繋がります！

　ASの子どものほとんどの親がASを知るために読む最初の本は、トニー・アトウッドの本『ガイドブック アスペルガー症候群：親と専門家のために』(1998 東京書籍刊)でしょう。何にせよ一番の拠り所になる非常に良い本です。はじめてこの本を読んだ時、「どうしてこの人は私の息子のことをこんなによく知っているのだろう？」と思ったものでした。今では素晴らしい本が他にも出てきていますし、インターネットのホームページもたくさんあります（巻末の、**役に立つ参考文献**と**ホームページのリスト**をご覧下さい）。そこで、地元のサポートグループを見つけられるかもしれません。どれからもたくさんの情報を得られますし、あなた一人ではないという実感も得られるでしょう。

　子ども自身が興味を持って、ASについて知りたいと思うことがあるかもしれません。その時には、穏やかに隠さず話してあげましょう。アスペルガー症候群という名前に恐怖心を抱かせないように気をつけて、こう教えましょう。症候群という言葉は古いかしこまった言い方で、簡単に言えば「○○のような人たち」ということ、アスペルガーというのはあなたと同じような子どもにとても興味を持ったオーストリアの人の名前だと。本人が望むなら、本を読むように勧めましょう。家族の他の人たちにも、興味を持たせるように働きかけ、一緒に巻き込んでしまいましょう。ASの特徴について話し合ったり、家族の誰に似たのだろうといった話題を持ち出す

とよいかもしれません。インターネットも利用できます。ASの特徴があると言われている有名人にはどんな人がいるか探してみましょう。これは、ASを知るために誰もが通る道筋なのかもしれません。

ヒント14　他の子どもと比較しないようにしましょう

　ASの子どもにはどんな可能性があるのかそれともあまり期待しない方がいいのかと問われても、一概に答えることはできません。ただ、ASを知れば知るほど、少なくとも、子ども自身ができないと思い込んでいることと本当にできないこととを区別できるようになるはずです。

　普通の子どもにはできて当たり前でも、ASの子どもには困難なことがあることを忘れないで下さい。あなたが思っている以上の多くの場面で、ASの子どもは特別な支援や指導を必要としています。他の子どもには分かって当たり前のことでも、ASの子どもが当然同じように理解し分かっているはずだとは思わないようにして下さい。

ヒント15　ASの人のかたくなさを理解しましょう
（車と電車のたとえ）

　私たちが把握しておかなければならないASの主な特徴の一つに、かたくなさがあります。ASの子どもは、変化を嫌いますし、たくさんの決め事（くり返し同じようにできること）が必要です。ASの子どもは考えが固定的で、こだわりやすく強迫的になる傾向があります。このかたくなさは、ASによくみられる混乱や癇癪を説明する根拠にもなります（135ページに、かたくなさについての踏み込んだ説明があります）。ASの人たちは、どうしてこんなにかたくなに言い張るのでしょうか？　私たちは、ASの人たちが、先の見通しが立って分かりやすくなっていると最も安心するのを知っています。恐らく、ASの人たちにとってこのかたくなさは、つかみどころがなく予定通りに運ばない世の中を分かりやすくするために、よりどころとな

る秩序になるものなのでしょう。

　ASのかたくなさを分かりやすく説明するのに、「車と電車のたとえ」があります。これは、AS的なものの考え方を電車と路線に、一般的な思考を車と道路にたとえるものです。電車の路線と道路との最も大きな違いは、線路が固定されていることです。電車は、一度走り出したら決められた終点に着くまで予定通りに進まなければなりません。しかし車は、それほど予定がきっちり決まっていません。車の運転手には、選択の余地がたくさんあります。車は、簡単に道を変えたり脇道に入ったり、止まったり方向を変えたりできます。「車と電車のたとえ」のおかげで、謎だった息子の行動の多くに説明がつきました。そして、ただかたくなで頑固でいようとしているわけではないことも、理解できるようになりました。ASの子どもは生まれつき、臨機応変に対応することが難しいのです。

ヒント16　トラブルの原因を探りましょう

　本書の後半に、ASによくみられるトラブルに対処するためのヒントがたくさん載せてあります。しかし、トラブルに対処するだけでなくトラブルの背景にある原因を理解しようと努めるに越したことはありません。一般的には、以下の原因が考えられます。

① **どこまでならやっても許されるか試している。**子どもが悪さをする時には、単にどこまでならやっても大丈夫か試していることがよくあります。この行動はどんな子どもにもみられるもので、ASの子どもといえども例外ではありません。子どもがこのような行動をした時には、優しく、しかしきっぱりとした姿勢で教え諭すようにします（ヒント55を参照）。子どもは、して良いことと悪いことの間には公正で明確な区別があると知っておく必要があります。もちろん、大人の方はけじめのある毅然とした態度でのぞまなければなりません。言われてすぐには納得しないかもしれませんが、行動の基準が

明確になると落ち着いていくでしょう。

② **心の平静を失っているか、欲求不満である。**子どもが悪さをする理由が、常にどこまでならやっても大丈夫か試しているとは限りません。ASの子どもの場合は特に、不満を表す手段として良くない行動をすることがあります。ASの子どもは、自分が心の平静を失っていたり欲求不満があったりしていることを"暗号を使って伝えようとしている"かのようです。このような場合は"一般的な意味での不平不満"なのか、"AS的な不平不満"なのかにかかわりなく、子どもが何に不満を抱いているか探り出すように努めなければなりません。

③ **"一般的な意味での不平不満"がある。**子どもの不満が正当な理由に基づいているのなら、つきとめるに越したことはありません。少なくとも、解決に向けて手を打つようにします。例えば、次のような可能性を考えてみます。
- 学校や他の何かが原因でストレスがたまっていないだろうか？
- 何かがっかりすることがあったのではないだろうか？
- いじめやからかいがあったのではないだろうか？
- 例えば、クラスの子どもたちに、"はめられ"たり、ちょっかいを出されたりしたのではないか？
- 他に考えられる要因はないか？

④ **"AS的な不平不満"を持っている。**トラブルとなる行動の背景に、私が"AS的な不平不満"と読んでいる原因があることがあります。それは、傍から見ればたわいのないことで正当な理由になっていないけれど、ASの本人にしてみればとても大事なことなのです。が、不満の原因がささいな割に行動が大袈裟になりすぎる傾向があります。極端な例では、自分の好きなサッカーチームをからかわれたというささいな理由で、他の子どもに本気でパンチを食らわせてけがをさせてしまうこともあります。でも、本人は、それでどうして自分が責められるのか分かっていないのです（次の**ヒント17**を参照）。

ヒント17　問題点を指摘（注意）するためには、信頼関係が前提になります

　どんな子どもでも一緒ですが、行き着くところは常に「我が子はかわいいが行動は正す」です。しかし、子どもの行動に全く筋が通っていない場合や、"AS的な不平不満"（**ヒント16**を参照）でトラブルが起きた場合、その姿勢を貫くのは容易ではありません。そのような時は、本人の行動が誤りで筋が通っていないと論理的に説得しようとしてもうまくいきませんし、聞き入れてもくれないでしょう。その場合は、**とりあえずその場では**本人にとっての真実と解釈して受け容れるしかありません。その時点では、自分の不満は本物で自分の行動は正しいと本人は確信しているのですから。

　ASの子どもの考えを徐々に変えていく手法を用いることで子どもを支援できることが、知られてきています。でもカギになるのは、そのタイミングを誤らないことです。本人がそれを受け容れるためには、気持ちが落ち着いており、しっかりとしていて、楽しく過ごせていることが必要です。本人が動揺している最中は、説得しようとしてはいけない時です。そんな時には、ふだんにも増して頑固ですし、意固地になるだけです。

　本人が動揺している時は、いつも以上に、「私はあなたを無条件に受け容れている」というメッセージを、子どもに送るように努めましょう。善悪の判断を越え、かといってしてしまった行動を見逃すことなく、共感的に不平不満を聞いてあげましょう。何が起ころうと、あなたが自分の味方だと信頼していれば、ふさわしい時になったら心を開いて、あなたの説得を受け容れやすくなります。**"必要なことを言う前に、仲よしになる"**ことを、肝に命じましょう。

ヒント 18　子どもの味方になりましょう

　あなたは間違いなく自分の味方だと本人が信じられるように、あらゆる努力をしましょう。そのためには、暖かく接し、受容し、本人が大事に思っていることに興味を持ち、判断を加えずに話を聞いてあげることです（**ヒント 52　味方になる、ヒント 107　共感的に聞きましょう**、を参照）。

　もちろん、だからといって好ましくない行動を許すわけではありません。しかし、子どもの行動を正すためには、子ども自身とその行動とを分けて考える必要があります。良くないのは行動で本人自身ではない、というメッセージを本人が感じ取れなければなりません。あなたは子どもの味方で、家族みんなもきっと味方だと言葉にして伝えましょう。AS の子どもには、そんなことは言わなくても分かっているだろうと決めてかかってはいけません。親は、「いつも気にかけているよ」「いつでも仲間になってあげるよ」「大好きよ」「あなたらしいユーモアのセンスが好きよ」「そのたいへんさは私には分かるわ」というように行動で示すだけではなく言葉にして、伝える必要があるのです。

健全な自尊心(セルフエスティーム)を育みましょう

　健全な自尊心は、どんな子どもにも必要不可欠です。それは、生きる力の源であり、さまざまな人生の局面を乗り切る支えになるものです。自尊心が低いと、引きこもり、イライラといったさまざまな弊害のほか、うつ病の原因にもなります。

ASの子どもによくみられる問題

　ASの子どもは、傍から見た様子では自尊心が低下しているのに気づかないことがよくあります。人に関心がないようなそぶりや横柄で頑固な態度の裏に、自尊心の低下が覆い隠されているなどとは想像もつかないでしょう。でも考えてみれば、安全感や幸福感に満ち足りた人はそのような振る舞いはしないものです。ASの子どもに自尊心の問題が起きやすい理由の一つに、実態とかけ離れた自己のイメージを（生まれ持った性質から）持ちやすい傾向があげられます。例えば、自分のよいところや弱点すらまったく分かっていないのに完全主義者、といった具合です。そのため、自分の能力に関する壮大な空想を描いて有頂天になってとりかかるものの、自分に課した目標を達成できないと分かった時にはひどく落胆するという極端なことになってしまうのです（**ヒント148〜154　完全主義**の項目を参照）。考えが人と行き違うことが多く、周囲の状況が読み取れなくて混乱してしまうために自信を失いやすい、といったASの典型的な困難のために、自尊心が下がりやすいことも容易に想像できます。

私たちにできること

　ASの子どもが肯定的な自尊心をもつために私たちにできることは、たくさんあります。それは、時間がかかる困難な仕事ですが、やりがいもあります。自尊心を高めるためのヒントは、次の通りです。

療育のヒント
自 尊 心
19. 正しい行いを見逃さない
20. しかるよりほめましょう
21. ポジティブなものの考え方を教えましょう
22. 恥をかかせないように気をつけましょう
23. 一緒に行動を計画しましょう

ヒント 19　正しい行いを見逃さない

　親として、子どもをほめる気力をなくしてしまうことがあります。そんな時は、ほめるところを探そうとせずに、間違いを探して指摘してやろうと待ちかまえてしまっているものです。しかし、ほめることは強力な動機づけになります。自尊心は、「あなたの行いはOKよ」と子どもに伝え続けることで形づくられます。特にASの子どもは、普通の子どもよりも多くフィードバックを必要としています。子どもががんばった姿や進歩した様子が少しでも見えたら、その行動に対してフィードバックしてあげましょう。子どもを暖かく勇気づける機会を見逃さないように目配りできるようにしましょう。

ASの子どもを効果的にほめる方法

　ASの子どもをほめるには、適正な方法ですることが大事です。というのは、ASの子どもは、ほめ方が大袈裟すぎたり形だけだったりするのを極端に**嫌う**からです。ASの子どもをほめるには、感情を前面に押し出さないようにしつつ本心からほめると、安心して受けいれてくれるようです。ASの子どもを効果的にほめるために、次の三つは欠かせません。

- **見たことを言う**：自分が実際に見たことを言いましょう。例えば、「お母さんは、あなたが妹をゲームに入れてあげたのを見たわ」というように
- **感じたままに言う**：自分が感じたまま、素直に言いましょう。例えば、「あなたたちが２人で仲良く遊んでいるのを見て、お母さんはとてもうれしかったわ」というように
- **名前をつける**：良い行いに名前をつけましょう。例えば、「それって、親切で優しいお兄さんってことよね」というように

ヒント20　しかるよりほめましょう

　子どもに接する姿勢は「**ほめてのばす**」を主にして、叱るのは最後の手段と考えるようにしましょう。それに、ごほうびは品物やお金とは限りません。「よくやったね」と声をかける、夕飯を大好きなおかずにする、抱きしめる、外出する、時間を作って一対一で話をする、子どもの話を聞いてあげるというようなことだって、立派なごほうびです。

ヒント21　ポジティブなものの考え方を教えましょう

　ポジティブな話だけをする時間「いいことお話タイム」を設けて、家族で楽しむようにしましょう。その時間の会話は、以下のルールで行います。

- 一度に一人ずつ話す
- 話していない人は話している人の話を聞く

- ポジティブなことなら何を話してもよい

例えば、次のような話題で切り出すとよいでしょう。

- 食後に食べたアイスクリームがおいしかったこと
- 玩具がきれいに片づいていて、とても気持ちがいいこと
- このあいだ行った映画館が、楽しかったこと

ヒント 22　恥をかかせないように気をつけましょう

　どんな子どもでも恥をかくのはいやですし、それを避けるためならあらゆる手を尽くすものです。ASの子どもは、みんなと同じ条件ではうまくできなくて不当に恥ずかしい思いをしやすいですし、自分がうまくできなくて恥をかいたことを厳しく責める傾向を持っています。だから、恥をかかずにすむ方法をさがす必要があるのです。例えば、

- 誰もが総勝ちする状況を設定して、成功体験を多く積ませましょう。ASの子どもには、うまくできそうにないと判断されることはさせない方がよい場合があります
- 本人の失敗に注意を向けすぎないように配慮しましょう
- うまくいかなかった時は、うまくやるにはどうすればよいか教え、「次からはどうすればよいか」考えるように促しましょう
- 悩んでしまった時は、追いつめないようにしましょう。面目を潰さずにすむ方法を教えましょう

ヒント 23　一緒に行動を計画しましょう

　問題が起きてしまった時は、すぐに解決法や結論を言ってしまわずに、問題を解決するために子どもと**一緒に**できることを提案するようにしましょう。例えば、こんな具合です。「今日、おばさんが来た時のあなたの態度は、失礼な印象を与えたわ。お母さんは、あなたがおばさんに失礼な

ことをしようと思っていないのは分かっているけれど、おばさんが『こんにちは、元気？』と声をかけてくれたのに、素通りして自分の部屋に行ってしまったのはよくないと思うの。この次おばさんが来た時に、失礼な印象を与えないようにふるまうにはどうすればいいか話し合わない？」

　そして、少し間を置いて自分の行動を振り返らせてから話し合い、人を不愉快にさせないふるまい方を、できる範囲で練習（ロールプレイ）してみます。自分の気持ちが認められていて、自分の意見や考えが尊重されていることが本人に分かると、このやり方はうまくいくでしょう。

不安を減らしましょう

ASと不安

　しっかりとした精神的基盤をASの子どもに形作るためには、安心感や、愛され受容されている実感がもてるようにするだけでなく、不安レベルを下げるためのステップを踏む必要があります。ASの人は不安に陥りやすいと、私は専門家の先生方から教わりました。私たちだって、不安を感じたりストレスにさらされることがあるので、それがどのように影響するか知っています。不安に陥ったり強いストレスを感じると、普段通りの生活ができなくなります。集中力が低下したり、睡眠障害が起きるでしょう。分別をなくし、イライラしやすくなります。過食や食欲不振といった食欲の異常が起きるかもしれません。強迫的になりやすく、つまらないささいなことに慌ててしまい、考えがまるでまとまらなくなります。

　このように考えてみると、まったく同じ症状がASの子どもにもたくさんみられることが分かるでしょう。そこから、ASの子どもたちが日頃感じている不安の多くに対処する智慧が見いだせるはずです。

不安が起きるわけ

　普通、人々が感じる不安の大きさは、外的な要因だけでなく性格によって異なります。人より余計に不安を感じやすい人もいます。何が起きても何の心配もなく乗り切れる人がいる一方で、反対にどんなことにも不安になる人がいます。極端な話、二つのうちどちらの服を着たらいいかといったほんのささいな決断をするにも不安で仕方がないような人です。何かの外的な要因のために不安になっているとこぼしていても、その不安は内的な要因によって生じているように思えます。ASの子どもにみられるのは、正にこのタイプの性格類型なのです。

"ASの不安"

　ASの子どもが不安を感じる原因は何なのでしょうか？　例えば、学校などでいじめに遭った時などのように、明らかに外的な要因で起きることもあります。しかし、原因がはっきり分からなかったり、傍からは理解しがたい時もあります。このような不安を、私は**"ASの不安"**と呼んでいます。これこそ、私たちがこれから理解しようとしているものです。

　息子が9歳ぐらいの時、買い物に行った店での出来事を思い出します。新学期に備えて色鉛筆を選びに連れて行ったのです。彼は、とても長い時間をかけてそこにあったすべての色鉛筆を真剣に一つ一つ精査していました。その間に、知人の女性がやって来ました。彼女はちょっと私とおしゃべりをしてからケネスに近づいて、「どの色の鉛筆が好きなの？」「新学期はいつから始まるの？」と親しげに話しかけたのです。ケネスからの答えはなく、しばし沈黙が流れました。返事を聞こうとして彼女が再び同じ質問を繰り返した途端、彼は大声でこう怒鳴ったのです。「黙れ、選んでいるのが分からないのか！？」

　今となっては笑い話です。みなさんも、同じような困った経験をたくさんなさっていることと思います。とはいえ、これは悩ましいことです。ど

うして彼は、こんなにもぶしつけで不愉快な態度をとるのでしょうか？彼は、わざと人の気を損ねようとしたのでしょうか？彼女が親しみをこめて話しかけたのが分からなかったのでしょうか？そんな態度をとったら彼女が困惑することが分からないのでしょうか？今なら、その答えはノーだと分かっています。彼は、ASで"人の心が読めない"ために、文字通り彼女の気持ちが読めなかったとも言えます。しかし、もう一つの大きな要因は不安にあったのです。

　なぜ彼は不安だったのでしょうか？店に行って会う予定のなかった人に会った、という社会的状況も理由の一つでしょう。でも、鉛筆を選ぶという課題そのものも不安の原因になっていたことは、後になって分かったのです。同じような出来事は以前にもありましたが、何かを選ぶこと自体がASの子どもを不安にさせるなどとは思いもよりませんでした。どうしてなのかあれこれ詮索してみましたが、恐らくASの子どもは間違ったり判断を誤ったりするのが心配なのでしょう。確信はありませんが。

私たちにできること

　ASの子どもの不安レベルを下げるために私たちにできることは、いくつかあります。要点は次の二つです。

- 理解し、許容すること
- ものごとを順序立て、構造化し、見通しを立てやすくすること

療育のヒント
不安を減らしましょう

理解し、許容すること
- 24. 表に現れない不安に気づきましょう
- 25. 原因を探りましょう
- 26. 不安レベルを適切に保ちましょう

順序、構造、見通し
- 27. いつもと違う時は気をつけましょう
- 28.「掲示板」を利用しましょう
- 29. タイマーやストップウォッチを使いましょう
- 30. 情報を視覚的に伝えましょう
- 31. ラミネーターを使いましょう

その他
- 32. 体を動かしましょう
- 33. 気を逸らすように誘導しましょう
- 34.「ぐうたらデー」を設けましょう

理解し、許容すること

ヒント24　表に現れない不安に気づきましょう

　ASは困難が目に見えにくいので、"隠れた障害"と言われることがあります。その上、更に私たちは"表に現れない不安"にも目を光らせなければなりません。と言うのは、ASの症状の多くが不安の現れだとは傍目からは分からないからです。時には、親にさえも全く正反対に映ってしまうことがあります。ASの子どもが不安になると、それが極端な表れ方をする場合があります。

　ここで、ASの人が他人からどんな風に見られているかおさらいしてみましょう。ケネスが初めて診断を受けた時、ASの特徴を要約した「診断カード」をもらいました。それは、財布や札入れにも入る名刺サイズの小さなカードでしたが、ASのことを全く知らない人に読んでもらうために要点をストレートにまとめてあって、たいへん良くできていました。内容は、次の通りです。

> **ASについて**
> 　ASは、自閉症に共通するところの多い障害です。ASの人たちの外見や声には異常はありませんが、社会的な状況を読み取ったりその場の状況にかなった会話をすることが困難です。ASの人たちは、礼儀知らずでぶしつけで横柄に見えるでしょうし、奇妙で風変わりで何を考えているか分からないようなふるまいをするかもしれません。
> 　ASの人たちは、生涯に渡って困難をきたします。知能も、平均的なところから天才と言われる非常に高い人までさまざまです。決して悪意はありませんので、辛抱してお付き合い下さい。

　私たちの子どもが他人からこんな風に人に不快に思われていると思うと、冷や汗ものです。"礼儀知らずでぶしつけで横柄で不愉快"な態度から不安を想像できる人はほとんどいないでしょう。私たち親も、外見は

どんなであっても、そんな素振りは全く表に現れていなくても、ASの子どもが不安にさいなまれていることを心にとどめておかなければなりません。表に現れないASの困難を世間の人たちが斟酌してくれないのは問題ですが、私たち親が斟酌しないとなれば、より重大な影響をもたらします。

ヒント25　原因を探りましょう

　何が不安の引き金になるのでしょうか？　どんな状況でも理由が明確に分かるとは限りませんが、原因を探り出して支援のためにベストを尽くす価値はあります。ASの子どもが最も苦手とするものの一つは、慣れないことや予期しない出来事に直面することだと肝に銘じながら、不安の原因を探るために次のように自問してみましょう。

- 最近、子どもに何かあったか？　何か変わったことがなかったか？
- クラス替えがあったばかりか？
- 日課の流れが変わらなかったか？
- 何か病気にかかっていないか？　スタミナが切れたり、ひどく疲れたりしていないか？
- 最近になって、新しく知り合った人はいないか？
- 自分たちが気づいていないことが何かあるのではないか？　学校でいじめに遭っていないか？　感覚的に困難なことはないだろうか？
- 不安になるときは、決まった傾向（パターン）がないだろうか？
- 何か、苦手なことに直面していないか？
- 学校で継続的ないじめがあるのではないか？（142ページを参照）

　原因が特定できることもありますが、明らかな理由がなく"ASの不安"と解釈するしかないこともあります。ASの子どもにとって、世の中はわけが分からず、敵対的で、予期できないものなのかもしれません。必ずしも理解できなくても、私たち親は味方だと子どもに伝えられるだけで助けになることもあります。

ヒント 26　不安レベルを適切に保ちましょう

　どんな親も、自分の子どもが不安に陥ったり、不機嫌になったり、落ち込んでいる姿を見たくはないものです。子どもは、見かけ以上に傷つきやすいのです。もちろん、子どもを支援し守りたい気持ちもある一方で、過保護にしてはいけないことも知っています。適度なバランスを保つのが難しいのです。

　人は、生きている限り何らかの不安を感じるものです。もちろん、不安が過ぎると何もできなくなってしまいますが、初めてのことをする際には**適度の不安**は良い刺激になったりもします。子どもでも、何か新しいことを始める時や困難な状況に立ち向かう時に感じる前向きな不安は、快く感じられることでしょう。目標は、不安をコントロールすることであって、不安をなくしてしまうことではありません。現実的にそれは、今後ずっと長期にわたる取り組みになるでしょう。

　私たちは、世の中のことを教えたり、これから先に起きることの見通しを与えて子どもを支援できる部分もあります。しかし、人生はどんな時にも自分でコントロールできるわけではないし、予測できるとは限らないとも教えておく必要があります。予定通りに物事が運ばないことがあることも、了解しなければならないのです。

順序、構造、見通し

ヒント 27　いつもと違う時は気をつけましょう

　どんな些細な変化も AS の子どもを不安にさせることを忘れないようにしましょう。ありふれた日課の変更でも、自分と子どもの両方が落ち着いている時に本人が納得して心の準備ができるように教えましょう。

ヒント 28　「掲示板」を利用しましょう

　家に「掲示板」がなかったら、購入を検討してもいいでしょう。「掲示板」には、生活に見通しをつけやすくする情報、例えば、決まり、予定、約束、ごほうび表などを掲示します。場所は、台所や子ども部屋など、目につきやすく必要な時すぐに見られるところがよいでしょう。

ヒント 29　タイマーやストップウォッチを使いましょう

　キッチンタイマーは、安くて入手しやすいものです。ストップウォッチは、スポーツ用品店や時計店で購入できます。これらのアイテムは、AS の子育てにはたいへん重宝します。本人が必要とする構造や見通しを与える手助けになるからです。時間の終わりを大きな音を出して知らせてくれるので、安心して行動できます。そのような目的を抜きにしても、タイマー自体が楽しいのです！　タイマーはさまざまな状況で使えますが、例えば、次のような指示を出す時にも使えます。

- 2 分以内にすませてね
- 20 分間、私の邪魔しないで静かにしてくれたら、一緒にゲームをしてあげるわ（もし邪魔をしたら、そこから 20 分数え直すわよ！）
- 15 分宿題をやったら、テレビを見てもいいわよ

- 10分だけベッドで本を読んでいいわ。それから電気を消してね
- 続けて3分、ボールをドリブルできるかやってみて

ヒント30　情報は視覚的に伝えましょう

　ASの子どもに、その場で自分が何をするように求められているか分かるようにして、それを忘れないでいられるように支援できれば、まわりのことが分かりやすくなり、不安もいくぶんか解消されるでしょう。ASの子どもの多くは、視覚的にとらえて物事を理解しています。だから、絵や図表などの視覚的な情報をたくさん用意すると分かりやすくなるのです。ちょっとした思い出し用メモ（リマインダー）から、複雑でもカラフルに色分けしたものまで、いろいろと作れるでしょう。視覚的な情報がどの程度有効なのかは、子どもによってそれぞれ異なります。また、視覚的に表すと効果のある内容も、トラブル防止、決まり、夕飯の献立、その他さまざまです。みなさんも、自分のお子さんにベストなやり方でやってみるとよいでしょう。原則はただ、**ASの子どもの場合ふつう、耳から入った情報よりも目から入った情報の方がずっと学習しやすいし記憶にも残りやすい**、ということです。
　この重要な原則を活用する方法は数え切れないほどあります。想像力をフルに働かせて、どのように使おうか思いめぐらすのはとても楽しいものです。例えば、視覚的な情報に子どもが強い興味を持っている事柄を取り入れたり、シールを貼ったり、大好きなマンガのキャラクターを書いたりすると、より効果的になるでしょう。

ヒント31　ラミネーターを使いましょう

　さほど値の張らない小さなラミネーターは、大きな電器店や事務用品店などで購入できます。ラミネーターを使うのは少し贅沢ですが、視覚的な情報はラミネートするときれいに仕上げられます。ラミネートすると、より

注意を惹きやすくより視覚に訴えかけられるだけでなく、長持ちします。それに、水性マーカーやホワイトボード用のマジックを使えば、ラミネートされた上に何度でも書いては消すことができます。

その他

ヒント32　体を動かしましょう

体を動かすのは、"ストレス解消"に絶大な効果があります。子どもが不安に陥っている時に、散歩をすると落ち着くことがあります。また、何かの競技、ランニング、水泳といった激しいスポーツに打ち込むのもよいでしょう。

ヒント33　気を逸らすように誘導しましょう

子どもが不安になっていると感じたら、本人がよく知っていて慣れており、夢中になれるものや興味のあることをするように誘ってみましょう。例えば、新しい塗り絵の本を渡す、興味のある言葉をパソコンで検索するなどです。

ヒント34　「ぐうたらデー」を設けましょう

パジャマのままで丸一日うろうろして、（常識の範囲内で）何でもやりたいことをやってよい「ぐうたらデー」をときどき設けましょう。子どもがひどく不安になりそうな時は、「ぐうたらデー」をスケジュールに組んで、気持ちを前向きにさせるようにしましょう。

訳注：「ぐうたらデー」は、著者の息子ケネス・ホール著『ぼくのアスペルガー症候群』では「ジャミー（パジャマ）の日」（32〜33ページ）となっています。

2
ベストをつくしましょう

社会性と感情のギャップを埋めるには
療育的アプローチ
大人の言うことを聞くようにするには
トラブルへの対処

社会性と感情のギャップを埋めるには
── ソーシャルスキルと感情のコントロールの教え方

　社会性の困難と感情の問題は、ASの子どもの生活に深刻な影響を及ぼします。これらの困難のために、社会的に許容される方法で上手に人とかかわる能力が影響を受けるからです。知らない人は典型的なASの子どもの振る舞いによく腹を立てますが、なぜそのような行動をするか的確に指摘できません。そして、ASの子どもを不作法でしつけがなっていないというレッテルを貼るものです。ところが本人は往々にして、人の気を損ねようという意図などこれっぽっちもないのです。

人の感情にうまく対処するスキルとソーシャルスキルに恵まれている人は、円滑な人間関係を築けます。人は、他人と打ち解けて場を和ませる方法を知っていますし、他人の気持ちを考え気を遣うものです。そのためには他人の気持ちを想像できなければなりませんが、ASの子どもはその点で非常に不利です。

　ASの子どもの最大の困難の一つは、いわゆる"**マインドブラインドネス（人の心が読めないこと）**"と言われているものです。かいつまんで言えば、ASの子どもは他人に共感したり他人の視点に立って考えるのが難しいということです。そのため、対人関係に信じられないほどの支障をきたしています。あなただって、みんなが持っている"人の心を読み取るアンテナ"を持ち合わせていなかったら、他の子どもたちとうまく遊べないでしょう。ASの子どもは、誰が自分の本当の友だちなのか、どの子が自分を困らせるのか、判断できません。しかし、子どもは他人に優しく接してくれませんから、親はたいへん心配します。ASの子どもは傷つきやすいので、親としては何とかしてあげたいと思うものです。私たちは、周囲の人たちに不快な思いをさせると結局は評判を悪くし、嫌われ、疎外されることを知っているので、子どもの行く末までも案じてしまいます。

　子どもが生まれると私たちは、服の着方や道路の安全な渡り方、ご飯の食べ方などたくさんのことを自分の子どもに教えようと胸をふくらませます。でも、感情に関することやソーシャルスキルを自分の子どもに教えようなどと普通は思いません。しかし、ASの子どもは、これらの重要なスキルを人から教わって習得する**必要がある**のです。ASの子どもを育てる私たちの最終的な目的は、子どもの社会的な状況の読み取りと理解、他人の感情の読み取りと理解を高めるように支援することだと言ってもよいでしょう。そのために、私たちはASの子どもの視点に立って理解し、何が子どもに欠けているか把握するように努めねばならないのです。

正直に言う？ 言わない？ ── 人づきあいの葛藤

　ASの子どもがマナーなどの社会的な概念を理解しにくい理由の一つは、マナーが必ずしも正直であることを求めていないところにあります。私たちは常に、人に本当のことを言ってよいものか気を損ねないように言葉を選ぶべきか考えます。このような時、"普通の"人は事を荒立てるより少々嘘をついてもうまくその場を切り抜ける方を選びます。このようなささいな嘘は、処世術の一つとして許されています。このような"よかれと思ってつく嘘"は、相手を傷つけないためのものです。うまく事を運ぶためには、ほんのちょっと真実を曲げるくらいの方がよいことが多いのです。といっても、これはごく自然のことなので、日頃私たちはこんなことを深く考えたりはしません。時には、人を気持ちよくさせるために真実とかなり掛け離れたことを言う場合もあります。また、思っていることをそのまま言わないのは、"言葉にして話してよい"時をわきまえているからです。それに、本当はまったく興味のない話題でも、ちょっとしたおしゃべりに花を咲かせることだってあります。

　ASの人たちは、こうしたことがうまくできません。それで時として私たちの"神経を逆なで"してしまうのです。ASの人たちは、ある意味とても純粋なので、文字通り真正直でどんな状況でもありのままです。ASの人たちは、"よかれと思ってつく嘘"のような曖昧な概念を正確には理解できません。そのために他人の気持ちを逆なでしてしまうことになりうるのですが、AS的なものの考え方からすれば、真実と違う方がよっぽど不自然なのです。

療育のヒント
社会性と感情のギャップを埋めるには

35. ASの正直さを長所と認めましょう
36. 何が欠けているのか確認しておきましょう

自覚を促しましょう：そのためのちょっとしたテクニック
37. お手本と話し合い
38. "感情のギャップ"を埋めるフィードバック

自覚を促しましょう：いくつかの方法
39.『感情ノート』
41. ロールプレイ
42. 探偵ごっこ
43. 感情のレベル
44. "感情を表す語彙"を増やす

遊びとソーシャルスキル：いくつかのアイデア
45. 世話係をつけましょう
46. 安心して遊べる日を計画しましょう
47. 得点係にしましょう
48. まねまねゲーム
49. かわりばんこ（じゅんばんこ）
50. インターネットを活用しましょう

ヒント 35　ASの正直さを長所と認めましょう

　ASの子どもの"失礼な"ふるまいの中には、ただ正直に行動しただけのことがよくあります。正直でストレートなのはほとんどASの特徴そのものと言えますし、できるならそのままでいてほしいと思うところです。
　自分を良く見せようとしたり立場や状況に応じてそれらしくふるまうことがない、いかにもASらしい特徴を目にすると、得難く新鮮に感じられるという良い面もあります。でも、それで角が立ってしまう恐れがあることに変わりはないのです！　少なくとも、一緒にいるあなたは、あなたがたがどのような状況下にいるのか承知している必要があります！　カーペットの下にゴミを隠すようにはできませんから。ASの子どもとは正反対に、耳障りの良いことを言ってくれる"人当たりのいい"タイプの人たちといる方がもちろん気楽ではありますが、私たちがASの子どもの正直さから学ぶべきことはたくさんあるとも言っておきたいのです。

ヒント 36　何が欠けているのか確認しておきましょう

　子どもの支援を始める前に、私たちはASの子どもが理解していることと本当は理解していないこととをできるだけ把握する必要があります。なぜならば、子どもは実際に理解している以上のことを理解していると思い込みがちだからです。実際の理解と自覚とのギャップについて真剣にじっくり考えることが重要です。
　最近の研究では、人と人とのかかわりは90％以上が**非言語的コミュニケーション**で成り立っているとされています。非言語的なコミュニケーションスキルがとても重要なスキルであることは明らかです。典型的なASの子どもはこの分野に認識と理解が欠けている、と仮定してとりかかるのが無難でしょう。定型発達の人は、優れた非言語的コミュニケーションが直感的にこなせます。それは、子どものうちから直感的に身につけていくも

のです。しかし、ASの子どもの場合、自然にはこの重要な学習プロセスが生じないのです。ASの非言語的コミュニケーションの困難は、次のような点で生活の多くの面にわたって影響します。

- ボディランゲージを読み取る力
- 暗黙の社会的了解に気づくこと
- その他のちょっとしたスキル

ボディランゲージを読み取る力

　ボディランゲージを読み取るのは、素晴らしいスキルです。人がどんな気持ちでいて何をしようとしているのか、いちいち言葉にして言わなくても"読み取る"能力が私たちには自然に備わっています。私たちは、人が発するちょっとした非言語的なサインに気づき、それに注意を向けることでボディランゲージを読み取っています。さらにすごいのは、このような複雑なコミュニケーションが無意識のうちに行われるという点です。

　しかしASの子どもは、その反対です。簡単な例を挙げましょう。普通は、人が"退屈そうに"している素振りを"見分ける"のにさほど苦労しません。どうやって分かるのでしょうか？　それは、顔の表情や目つき、姿勢やしぐさ、それに声の調子などのサインを読み取るからです。このような単純な例の中にも、ASの子どもには自然に身につけられない複雑な非言語的コミュニケーションスキルがたくさん見つかります。ASの子どもにしてみれば、非言語的コミュニケーションスキルは外国語のようなものなのです。

社会的な約束事

　例えば、権威のある人には（敬意を表して）従うというような、どこにも書いてないけれどたいていの人が了解している複雑な約束事が世の中にはたくさんあります。このような社会的な約束事によって、円滑かつ有効なコミュニケーションが成り立っています。これも、たいていは自分ではやらないにしてもかなり小さなうちから人の様子を見て学習するものです

が、ASの子どもは放っておいたらほとんど気づかないのです。

その他のスキル
文脈（前後関係・状況）の読み取り
　ASの子どもは、状況の違いにほとんど気がつかないし、それがコミュニケーションにどう影響するかも分かりません。そのため、誰に対しても同じ単刀直入な話し方をしてしまい、それがよく不適切だと見なされることになります。

機 転
　ASの子どもは機転がほとんど利きません。そのために、おばあちゃんに家に帰って欲しいと思っても、それを言ってはいけない理由が分からないのです。

字義通りの解釈
　ASの子どもには、話の意味を文字通りに解釈する傾向もあります。そのために、よく状況とちぐはぐなことになってしまいます。そればかりか、それが混乱や誤解の元にもなってしまいます。

自覚を促しましょう：そのためのちょっとしたテクニック

ヒント37　お手本と話し合い

お手本
　ASの子どもは、感情を言葉で表現せずに態度に表す傾向があります。また、自分が感じている気持ちがどんな感情なのか自覚しにくい傾向もあります。手本を示して教えると、感情の気づきを促せます。初めは少しおかしな感じがしますが、やってみればことさらに子どもに感情を"教える"必要のないことに気づくでしょう。それに慣れてくれば、かんたんなことが分かります。

- ASの子に自分の気持ちを伝えたい時は、ボディランゲージを大袈裟にしてみましょう
- 社会的な約束事を言葉にして子どもに教えましょう。例えば、「知り合いの人と家の車に乗って出かける時、その家の子どもがよその人を助手席に乗せないようにするのは失礼にあたる」といったようなことです
- 子どもの気持ちについて、率直かつ穏やかに話しましょう。手本を示して、その気持ちを表現するにはどんな言葉が適切か教えます。例えば、「こんなことが起こったら、怒る（悲しい、楽しいなど）」というように。必要なら、気持ちが自覚できるような質問をして適切な表現を導くようにしましょう

話し合い

次の言葉は、ASの子どもへの重要なメッセージです。子どもの耳に入れ、分かってもらうようにしましょう。

（あなたを含めて）すべての人は、尊重されるべきです。だから、自分がして欲しいと思うことを人にもするようにしなさい。

人はだいたいどんな風に接して欲しいと思っているか、率直に子どもに話しましょう。子どもとの話し合いの中で取り上げるとよい課題を、いくつか挙げてみます。

- あなた（たち）は、人には自分とどのようにつきあってもらいたいと思いますか？
- どんなことをされたくないと思いますか？
- 上記の二つについて、それぞれ例をいくつか挙げられますか？
- つきあいを大切にしなければならないのは誰ですか？（例えば、きょうだい、友だち、おかあさん、おとうさんなど）

ASの子どもが容易には理解できない微妙な違いについて、家族で話し合うようにしましょう。例えばこのようなことです。

- 人をわざと傷つけることと無意識のうちに傷つけることとの違い（**資料 11** を参照）
- 人をからかうことと悪意のない冗談の違い（**資料 12** を参照）
- いじめについて（**資料 13、14** を参照）

ヒント 38　"感情のギャップ"を埋めるフィードバック

　AS の子どもは他者の視点に立つのが困難だということを忘れないようにしましょう。そして、日々折に触れてあなたの気持ちを**言葉にして**子どもに伝えるように心がけましょう。ただし、感情を交えない穏やかな声で。さらに、他の人たちの気持ちについても話しましょう。これは、AS の子どもが自然には分からないことだからです。

　それから、自分の言ったことやしたことが他人の心情にどんな影響を与えるか説明するようにしましょう。例えば、子どもが抱きしめてくれた時には、このように言います。「お母さんはうれしいわ。あなたが抱きしめてくれると、お母さんはうれしくなるの」と。また、子どもの行動が限度を越えそうになった時には、それとなくサインを出してあなたが快く思っていないことを子どもに読み取ってもらおうなどと期待してはいけません。言葉にしてはっきり言いましょう。例えば、「そろそろ怒るわよ」とか「その手に持っているおもちゃを床に投げたら、怒るわよ」というように。

自覚を促しましょう：いくつかの方法

ヒント 39　『感情ノート』

　AS の子どもと感情の学習をするためのノートを作りましょう。その中には例えば、「たのしい」「悲しい」「怒る」「驚く」などのページを作ります。それぞれにふさわしい絵やお話や言葉を一緒に添えたり書き込んだりしま

す。そして、あなたが楽しいと思うこと、腹が立つことなどをリストにします（楽しいことの中には、チョコバーやテレビゲームなども入ります）。

　友だちや家族にも"インタビュー"して、何が楽しくて何が悲しいかなどを聞き出しましょう。そうすると、人それぞれに楽しみをもっていることが子どもに分かるようになります（**資料5：感情ノート** を参照）。

ヒント40　比喩的表現

　比喩的表現を集めて、ノートに書き出してみましょう。家族みんなで例を出し合ってみるとよいでしょう。

- 何が面白いのか調べてみましょう
- 文字通りの意味と、それをどのような意味として受けとめるべきかを話しましょう
- 比喩的表現を絵に描いてみましょう。例えば、心に悪だくみがあるの意味の「腹黒い」など

ヒント41　ロールプレイ

　子どもはロールプレイが好きです。ロールプレイは楽しみながら、また人を傷つけることなく他者の立場に立ってみることができます。ロールプレイの方法は数え切れないくらいあります。例えば、以前あった出来事を再現して、その場を乗り切る他の方法がなかったかどうかやってみることができます。電話の応対やさまざまな社会状況をロールプレイして楽しんでください。

ヒント42　探偵ごっこ

　テレビの音を消してバラエティ番組や連続ドラマなどを見て、そこで何が起きていて登場人物がどんな気持ちでいるかといったことが、顔の表情やしぐさなどの非言語的コミュニケーションだけで分かるかどうかやってみましょう。

　また、雑誌などの写真を切り抜いて、年令、職業、何をしているところか、どんな気持ちなのか、そう思う理由など、写真から何が読み取れるか話してみましょう。

ヒント43　感情のレベル

　ASの子どもは、はっきりとした分かりやすい感情にしか気づかず、他人に対して単純な見解を持つ傾向があります。例えば、自分は「楽しい」か「悲しい」かのどちらかで、他人に対しては「良い」「親切」か「不愉快」「嫌い」かのいずれかといった具合です。

　ASの子どもには、**目で見て分かる目安**を使って、両極端の間にはいくつかの段階があることを教えましょう。例えば、子どもが「楽しい」と言ったら、「どれくらい楽しいの？」と聞いてみます。もし、"ほんのちょっとだけ楽しい"のなら手と手の間をちょっとだけ離したぐらいの楽しさ、"すごく楽しい"のなら手と手の間をたくさん離したぐらいの楽しさ、というように示して、この二つの楽しさの間にいくつもの段階があることを教えるのです。

ヒント44　"感情を表す語彙"を増やす

　感情を表現するのに、楽しみながら覚えられる新しい言葉を教えていきましょう。うれしい、心配だ、恐い、がっかりした、めちゃくちゃ怒って

いる、狼狽するなどです。**資料7**から"感情が表れる言葉"をいくつか拾って、こういう気持ちになるのはどんな時なのか話してみましょう。

遊びとソーシャルスキル：いくつかのアイデア

ヒント 45　世話係をつけましょう

　可能ならば、ASの子どもに関心があって、一緒に遊んだり必要なスキルを教えたりしてくれる大人を最低一人つけるようにしましょう。週に一度でも少しおこづかいの欲しい知人や友人、アルバイトの学生でもいいでしょう。

ヒント 46　安心して遊べる日を計画しましょう

　例えば、ASの子どもとうまくつきあえそうなよその子どもたちと一緒に遊ぶ計画を立てて、大人の監督下で遊べる日を作りましょう。その集まりでは、何時に来て何時に帰るのか、誰が来るのか、自分は何をするのか、どんなことをするのかといったこと（構造）を本人に分かるように整理して、予定通り進行するようにします。

ヒント 47　得点係にしましょう

　集団でのゲームに参加するのが無理なようであれば、得点係か審判にしてみましょう。得点係や審判をしながら、ゲームを観察しルールを学習するようにします（得点係や審判をする時には、あまり厳格にしすぎたり真剣になりすぎないように指導しなければいけません）。

ヒント48　まねまねゲーム

（例えば、歩き回る、手を叩く、飛び跳ねる、ぐるぐる回るなど）リーダーのやった通りにみんなでまねをする、"まねまねゲーム"をやりましょう。ルールが単純で分かりやすいので、ASの子どもでも無理なく参加できます。

ヒント49　かわりばんこ（じゅんばんこ）

ASの子どもには、「かわりばんこ」の考え方をきちんと理解するように根気よく説明しなければなりません。「かわりばんこ」の考え方は、どのように順番を代わるか教えるだけでなく、どうすれば全員が公平にできるか教えなければなりません。頭で分かった後でも実地での練習をたくさん積んで、できたらほめることが必要です。例えば、「あなたが5分間リーダーをしたら、次の5分は弟の番よ」といった、単純なかわりばんこの練習を数多くするようにしましょう。

ヒント50　インターネットを活用しましょう

インターネットでのコミュニケーションが好きなようなら、同じ興味を持つ人たちやASの人たちとメル友になったりするとよいかもしれません。

療育的アプローチ

ここからは、ASの子どもを指導する際に必要になる一般的なヒントが書かれています。子どものよいところを伸ばせるように、あなたのお子さんに合った項目を選んで実践してみて下さい。

療育のヒント
療育的アプローチ

- 51. 力を抜いて穏やかに
- 52. 味方になる
- 53. コミュニケーションは明確に
- 54. ほめて育てる
- 55. 優しくきっぱりと
- 56. フィードバックしましょう
- 57. 融通をきかせましょう
- 58. 事前によく考えましょう
- 59. 一貫した対応をするようにしましょう
- 60. 取り組むべき課題かどうか見極めましょう
- 61. タイミングを見計らいましょう
- 62. ユーモアを忘れずに

ヒント 51　力を抜いて穏やかに

　どんな子どもも一緒ですが、ASの子どもは特にリラックスして穏やかに接すると最も良く応じてくれます。とはいえ、人それぞれ持って生まれた性格はなかなか変えられないので、このような接し方をするのは必ずしも容易ではないかもしれません。それでも、リラクゼーションの本を図書館から借りてくる、ヨガをする、ヒーリング効果のある音楽を聴く、マッサージに行く、瞑想やお祈りをする、その他心が落ち着くものなら何でもさまざまな方法で、あなたが少しでもリラックスするように努めてみましょう。

ヒント52　味方になる

　行動と自己コントロールに問題があっても、たいていの子どもは心の底では親は自分の味方だと信じているものです。しかし、ASの子どもの場合はそれと同じと決めてかかることはできません。ASの子どもは、例えば、欲しい物がもらえなかった、行いを注意されたことで、親が自分の敵だと決めつけているかもしれません。

　親は味方だと子どもに伝える方法を、見つけましょう。他の子どもにはわざわざ言わなくてもいいことでも、ASの子どもには「お母さんはあなたの味方、友だちなのよ」「子どもの行いを注意するのは親としての**務め**なのよ」「お母さんはあなたを大事に思っているから、大きくなってから困るようにしたくないの。だから、欲しいからと言って何でも買わないのよ」と、はっきりと言葉にして言い聞かせなければならないでしょう（**ヒント18　子どもの味方になりましょう**を参照）。

ヒント53　コミュニケーションは明確に

　ASの子どもはあいまいな概念を理解していると思わない方がよい、ということを忘れないようにしましょう。コミュニケーションをとるためには、あなたが言おうとしている内容が子どもに理解できるように、子どもと同じ率直、明解かつ明確な言い方をするようにしましょう。それとなくほのめかしたり、疑いの余地を残したりしてはいけません。例えば、上着を着せたいのなら、「寒くない？」とか「上着を着たらどう？」とか「よかったら上着を着てね」と言うのではなく、「上着を着なさい」とか「上着を着てね」とはっきり言うようにします。

　その場でどうふるまうように求められているか、自分が選択した行動の結果どうなるかなど、詳細にかつ穏やかに言いましょう。本人の口から答えを聞くまで、これくらいのことは分かっているだろうと決めてかかって

はいけません。また、子どもが"限度を越え"そうになった時は、根気よく教えてあげるようにしましょう。

ヒント 54　ほめて育てる

私の経験から得た鉄則です。
- "子どもの良い行いを見逃さない"（**ヒント 19** を参照）
- 全体的に、子どもの悪い行いには極力目をつぶり良い行いに焦点を当てる
- 罰は最後の手段にする

ASの子どもは、明確なルールがあって筋の通った（構造化された）アプローチをするのがよいからといって、やりすぎはいけません。子どもと楽しむことも大切です。**人間不在のルールは反感を買うことを忘れないようにしましょう**（**ヒント 23　一緒に行動を計画しましょう** を参照）。

ヒント 55　優しくきっぱりと

していいことといけないこととの間に明確できっぱりとした境目があると分かると、ASの子どもは安心しますし安全感も得られます。ただし、きっぱりとした境目があるといっても、あまり厳格になりすぎてはいけません。厳しさと優しさのバランスがとれているのが理想です。

厳しさのメッセージ

厳しさのメッセージが必要になるのは、行動のコントロールと子どもが安全感を得るためです。厳しい姿勢で臨むことで、「あなたが世の中のことを覚えられるように、私は応援していくのよ」とか「世の中には、越えてはいけない限度があって、あなたがその限度を越えないように守ってあげる」と子どもに伝えるのです。

優しさのメッセージ

　優しさのメッセージが必要なのは、心の底から「私はありのままのあなたを受け容れている」ことと「何があっても私はあなたが好き」と伝える時です。トラブルを起こした後は、言葉にしてはっきりと子どもを許し、誰だって過ちを犯すことはあるし、していけないことをしてしまうことも時としてあると言ってあげましょう。過ちを許容し、非難しないことが家族の重要な役割です。家族はお互いに助け合うものだと子どもに教えましょう。

　子どもに「だめ」と言う時であっても、優しく暖かく言うように努めましょう。そうすれば、厳しくしていても親は子どもの味方だと親子共に確かめられるでしょう。

ヒント 56　フィードバックしましょう

　自分の行動がどのくらいよかったのか分かるように、子どもの行動をフィードバックし続けましょう。ネガティブな方向ではなく、ポジティブな方向に行うようにしましょう。

ヒント 57　融通をきかせましょう

　本書に書いてあることでも、ほかのどんなことでも自分がやろうと考えた方法や新しくひらめいたことなどに、臆することなく取り組んでみましょう。その考え方でうまくいくのなら、それで進めていきましょう。一人一人それぞれの事情に合わせて、取り入れるところ、切り捨てるところ、変えるところがあっていいのです。今は使えなくても、半年後に使えるものがあれば、その逆もあることもお忘れなく。

ヒント 58　事前によく考えましょう

　余計な思い過ごしはよくありませんが、警戒を怠らないようにしましょう。子どもに大きなトラブルや不安を引き起こす"思わぬ落とし穴"には、常に気をつけていなければなりません。それは、どこに潜んでいるか分かりません。そのような局面は、回避するか、何らかの支援をして乗り切る方向に持っていくかどうか決めなければなりません。後から治すよりは予防するように、事は未然に防ぐに越したことはありません。

ヒント 59　一貫した対応をするようにしましょう

　難しいかもしれませんが、普段子どもにかかわっている大人全員が、どんな決まりがあって、いつもどんなやり方をして、トラブルにはどのように対処するかなどについて、意見を同じにするようにできるだけ努力しましょう。このように統一した対応をすることができれば、自分が何をしなければならないのかが本人によく分かりますし、ある大人の言う通りにすると他の大人と衝突してしまうこともなくなります。

ヒント 60　取り組むべき課題かどうか見極めましょう

　ASの子どもが起こすすべての細々とした問題に取り組むのは不可能ですし、もしできたとしてもそれは良いこととはいえません。もし絶えず子どもの行動を直したり非を責め続けたりしたとしたら、子どもの方は常に親に追い立てられていると感じ、親の話を全く聞かなくなってしまうかもしれません。それでは、本当に大事なことを子どもに言おうとした時に、まともに聞いてくれなくなります。子どもと闘い続けていると疲れきってしまいますし、できもしないことを子どもにさせようとすれば大戦争になってしまいます。

やみくもに対決して後悔するより、争いを避けるに越したことはありません。時には、目をつぶることも大事です。といっても、その場では熱くなってしまっているので、その課題が果たして子どもと対決してまでやらせるべきものかどうか決めるのは容易ではありません。そんな時には次の二つの問いを自問しましょう。一つは、「これはそんなに大事なことなの?」。もう一つは、「これは勝ち目がない争いじゃないの?」(例えば、ASの子どもに無理矢理謝らせようとしても無理ですが、チョコバーを欲しがっても断ることならできます)。対決すべき問題かどうかは、慎重に見極めるようにしましょう!

ヒント 61　タイミングを見計らいましょう

ASの子どもには、行動を正すのがとても難しく頑として受け付けない領域があります。その領域では、行動を変えるための介入をしようとしたらとてつもないバトルを繰り広げることになってしまいます。自分が一番にとりあげるべきだと強く思った課題だけに取り組みましょう。凝り固まっている行動を直そうと挑んでしまうと、良くなるどころか悪くなってしまことが多くありますし、相当に苦労することを覚悟しましょう。

ヒント 62　ユーモアを忘れずに

親として、子育てに真剣に取り組むのは良いことです。しかし、時にはパッと明るくすることも必要です!

ASの子どもは、よく大笑いしたくなるような面白いことをしてくれます。特に、"バカ正直"にまさかと思うようなことをした時です! 大声で笑うことや、深刻に考えすぎないようにすることを忘れてはいけません。ASの子どもは、笑ったり楽しむことを学ぶ必要もあるのです。

大人の言うことを聞くようにするには

動機の問題

　たった一つのことでも、親がして欲しいと思うことをしたりそれを守ることに子どもが興味もなくやる気もないような時には、たいへん腹が立つものです。しかし、ASの子どもには、これがよくあります。

　子どもはたいてい、同年代の子どもと競ったり、親や先生などの大人（または、少なくとも自分の味方になってくれる人）を喜ばせたいという動機を持っているものです。しかしASの子どもは、他人を喜ばせることに興味がなく、競い合いの考えを理解することも難しいようです（**ヒント148〜154 完全主義**を参照）。そういった"普通の"動機が広く欠けているので、ASの子どもの親は、子どもの行動を変える建設的な方法を他に見つけねばなりません。

療育のヒント
大人の言うことを聞くようにするには

指示に従わせるには
　63. どのようにすべきか分かるようにしましょう
　64. 基本的な決まりを作りましょう
　65. ものごとの是非は明確に伝えましょう
　66. 選択肢を与えましょう

動機づけをするには
　67. チャレンジしてみましょう
　68. 「がんばりカード」
　69. にこにこマーク ☺ と しょんぼりマーク ☹
　70. ごほうびコイン

指示に従わせるには

ヒント63　どのようにすべきか分かるようにしましょう

　子どもに指示を出す時には、できるだけ明確にするようにしましょう。子どもに出す指示は、**す・ま・あ・と・な**目標にすることも忘れずに（**ヒント6**を参照）。ASの子どもは、大人が思うより多くの指導が必要で、忘れないように思い出させることも必要だと覚えておいて下さい。自分が何をしたらよいか本人に正確に分かるように、さまざまな手を尽くしましょう。紙に書き出し、必要なら復唱させて子どもが理解しているかどうか確かめるようにしましょう。

ヒント64　基本的な決まりを作りましょう

　基本的な決まりをいくつか作りましょう。それを、分かりやすく単純明快に書いたり掲示板に貼ったりしておきましょう（**資料4**を参照）。

ヒント65　ものごとの是非は明確に伝えましょう

　子どもの選択の結果の良し悪しは、終始一貫した明確な姿勢で判断するようにしましょう。何かについて「いいわよ」と言うにせよ、「いけません」と言うにせよ、現実的、公正、かつバランスのとれたものにします。結論として、何を言いたいのかが子どもに分かるように、終始一貫した姿勢で穏やかに伝えましょう。くどいようですが、ほのめかすような言い方をしたり、疑いの余地を残したりしないように気をつけましょう。例えば、何か言う時には、次のようにはっきりと言います。「宿題をやらないのなら、食後のプリンは食べられませんよ！」と。

　とは言っても、子どもが喜ぶ結果も伝えることをお忘れなく。例えば、「宿題をやったら、ビデオを見ていいわよ。それから、お茶の時間にチョ

コプリンもあげるわ」。

ヒント 66　選択肢を与えましょう

　本人がしたくないと思っていることをさせるのは難しいと思ったら、命令や要求をする代わりに選択肢を与えると抵抗がなくなります。例えば、「ここにきてすぐに宿題をやる？　それとも、5分後にする？」というように。もちろん、子どもの方は「どっちも嫌だ。宿題はやりたくない」と答えるかもしれません。そうしたら、次のように穏やかに言って自分の置かれている状況を明確にします。「だめよ。宿題を**するかしないか**は選べないの。でも、宿題を**いつやるか**なら選べるのよ。」

　それでも子どもが嫌と言ったら、少し話し合ってみるのも悪くありません。あなたが子どもの言い分を聞こうとしていることが分かるからです。それから、始める時間を10分後にする案を出し、このように言ってやる気にさせることもできます。「それでは、10分たったらここに戻って宿題をやってね。きっとよ。あなたは自分で覚えていられるとお母さんは思うわ」。そして、2人で話して決めた時間にタイマーが鳴るようにセットするとよいでしょう。

　命令や要求を選択肢にする方法は、他にもいくつかあります。

- 「上着を着なさい」と言うのではなく、「上着は、青いのがいい？　それとも、赤いのにする？」と聞く
- 「朝食を食べなさい」と言うのではなく、「今日のお茶碗は大きいのにする？　それとも、小さいの？」と聞く

動機づけをするには

ヒント 67　チャレンジしてみましょう

「あなたにできるかどうかおかあさんには分からないけれど、やってみる？」という聞き方をすると、課題に興味を持たせることができます。「お茶の時間に、きちんと何分くらい座っていられるかしら？ おとなしく座っているように覚えているのはあなたには難しいと思うわ」という風に言ってみます。それで、うまくできなくても怒ってはいけません。ほんのちょっとでもできたら大いにほめましょう。例えば、「えらいわ！ 5分も座っていられたじゃない！」といった具合です。

次の日には、少しだけハードルを高くしてみましょう。「昨日は、5分座っていられたでしょう。2日続けてできるかしら？」とか「今日は、昨日よりも長く座れないかしら？」という風に。

ヒント 68　「がんばりカード」

小さい子どもをしつけるのによく使われる「がんばりカード」に☆をつけるやり方は、ASの子どもにも有効です。というのは、どれくらい達成したか見て分かるからです。「がんばりカード」は、入手するにも作るのも簡単ですし、モチベーションを高めるのに役に立ちます。

ヒント 69　にこにこマーク ☺ と しょんぼりマーク ☹

にこにこマーク☺ としょんぼりマーク☹ の「がんばりノート」を作り、一日の子どもの行動をにこにこマークとしょんぼりマークで評価するようにしましょう。このようにすると、自分の行動がどうだったか自分の目で見て振り返ることができます。点数を合計して、ごほうびやお楽しみの基準にしましょう。また、どんなことをするとにこにこマークがもらえてど

んなことをするとしょんぼりマークになるのか、子どもが分かっているかどうか確かめるようにしましょう。「にこにこマークがもらえそうなこと」と「しょんぼりマークをもらってしまいそうなこと」の表を一緒に作るように誘ってみるとよいでしょう（**資料8**を参照）。

ヒント70　ごほうびコイン

　このアイデアは、応用行動分析（ABA）の基本的な手法で、うまくいくこと間違いなしです。始める前にある程度準備する必要がありますが、自分のペースに子どもを巻き込んで行動を変える可能性が十分にあります。言うことをきかせたり動機づけをするのに大きな問題のある子どもには、たいへん役に立ちます。

　この方法は一般に知られているので、あなたも必要を感じておられることと思います（**資料２　ABAの療育プラン**、**資料３　ごほうびコインについて** および シーラ・リッチマン著　井上雅彦・奥田健次 監訳『自閉症へのABA入門』かその新訂版『自閉症スペクトラムへのABA入門』東京書籍刊 を参照）。

トラブルへの対処

ここでは、困った時、行き詰まった時、喧嘩になってしまった時に対処する方法をいくつか提案します（ヒント 78 ～ 87 **怒りと攻撃** を参照）。

療育のヒント
トラブルへの対処

71. サイン（合図）を決めて使いましょう
72. ちょっとしたゲーム
73. 相手のペースにはまらないようにしましょう
74. 怒りにまかせて脅かさないように気をつけましょう
75. 「AをしたらBをする」の公式
76. 要望 → 命令 → 罰
77. 険悪なまま会話を終わらせないこと

ヒント 71　サイン（合図）を決めて使いましょう

　この手法は、子どもと一緒にいる時に混乱させることなく「気をつけてね。ちょっと限度を越えそうになってきているわよ」などと言う場合に使えます。子どもの行動がエスカレートしないように警告するために、特別な"サイン"を使うのです。例えば、自分の耳たぶを引っ張る、ドアやテーブルを決まった叩き方で叩く、合図の言葉を決めておくか肩を叩くかする、警告カードを出す（子どもがサッカー好きなら、"レッドカード"や"イエローカード"を使う）など。タイミングよく正しく使えば、楽しく使えるでしょう。本当にトラブルが起きるかなり前にサインを出し、落ち着かせることが大事です！

ヒント 72　ちょっとしたゲーム

　子どもと険悪になったり、思った通りにならなくて爆発してしまいそうになった時は、簡単なゲームで状況を打開できることがあります。やり方はたくさんありますが、どんなことをすれば自分の子どもに効果的かだいたい直感で分かることでしょう。

　私がやった中で覚えているゲームの一つはこのようなものです。まず、子どもが私の方を気にしているかどうか確かめておいて、部屋にいる人にこう言ったのです。「ケネス は今日、お行儀が悪くて、投げ散らかしたおもちゃを片付けようとしないのよ。でも、私が 30 秒ほど目をつぶったら、その間に奇跡が起きるんじゃないかと思うの…。やってみようかしら」。

　なんと、ケネス はこのゲームに乗り気になって、私が目をつぶっていた間に部屋中を駆け回りすごい勢いでおもちゃを片付けてしまったのでした。（目をつぶっている間にとてもきれいに片付けたので、"びっくり仰天"して大喜びしたことは言うまでもありません！）こういうかけひきをすると、プライドを傷つけずに楽しく衝突を回避することができます。

ヒント 73　相手のペースにはまらないようにしましょう

　時には、子どもの方から挑発を仕掛けてくることがありますが、落ち着いて対処しましょう。子どもの方は、うまく仕掛けて優位に立ったり、安心しようとしているように感じられます。そんな時は、次の二つの原則で臨むとうまく対処できます。まず、挑発には乗らないこと。そして、自分に勝ち目がある時に限って乗る。この二つです。

ヒント 74　怒りにまかせて脅かさないように気をつけましょう

　万策尽きて、時には堪忍袋の緒が切れそうになることがあります。私だって、ときどきあります。それで、「ちょっと、もういい加減にしなさい！　今度やったら、二度とプールには連れて行きませんからね！」なんて言ってしまったりすることがあります。普通の子どもなら、真に受けることもないし怒りにまかせて言っているだけだと見透かしているものですが、ASの子どもは、言葉通りに受け取ってしまいます。ASの子どもは、その通りになると思い込むだけでなく、本当にお母さんに嫌われてしまって、（またプールに行けるようになるために）どんなに誠意を尽くしても許してもらえないと思い込んでしまいます。

ヒント 75　「AをしたらBをする」の公式

　子どもが限度を越えそうになったら、声を荒げずに「AをしたらBをする」の公式を使って注意しましょう。例えば、「大声で叫ぶのを**やめたら**、質問に答えてあげるわよ」というように、公式通りの言い方をします。この公式を使う時には、"もし"という言葉を使わずに、時間の前後関係だけを分かるようにするのがミソです。

　1回でやめないようなら、壊れたレコードのようにまったく同じように繰り返しましょう。それ以外のことを言って、口論にならないように気をつけます。

ヒント 76　要望 → 命令 → 罰

　意図的な反抗や挑発に対しては、次の作戦で臨みます。
- まず、こちらの**要望**を伝えます。例えば、「カーテンにぶらさがらないでね？」

- 次に、**命令**をします。「さっきやさしく言ったでしょう？ 今度は命令ですよ」。あるいは「これはもうお願いではなく、命令よ」
- それでも言うことを聞かないのなら、最後の手段として**罰**を提案します

ヒント 77　険悪なまま会話を終わらせないこと

　お互いの意見がぶつかって口論や喧嘩になってしまった時に、ASの子どもは延々と議論の応酬を繰り広げようとすることがあります。しまいに、捨てぜりふを言って終わることになるかもしれません。言い争いを長引かせたくはありませんが、言うべき事がある場合は、終始一貫した態度をとるように気をつけましょう。

　例えば、子どもはお母さんがふとんを敷いてくれと"言い張って"、お母さんの方は自分が敷きなさいと"言い張る"ような時です。まずは、子どもにふとんを敷くように**無理強いできない**ことを認め、その日は諦めることになるでしょう。けれど、パソコンを使う時間の権利を奪うことはできます。長々とした言い争いは避け、先の見通しと結論をはっきりと穏やかに告げ、こちらの主張を曲げないようにしましょう。

　大事なのは、捨てぜりふで会話を終わらせないでコミュニケーションをとり続けることなのです。

3

よくあるトラブルと
その対処法

怒りと攻撃
注意に関する困難
睡眠と就寝に関するトラブル
うつ
食事に関するトラブル
字を書くこと
宿題の監督
運動機能と協調運動
完全主義
かたくなさ
学校でのこと
感覚敏感性の問題
特別な行事やお出かけ
話すこと・会話すること

怒りと攻撃

> **よくあるトラブル**
> **ASの子どもの怒りが爆発すると**
> - 極端
> - 子どもっぽい
> - 予測がつかない
> - 筋が通らない
> - コントロールできない
>
> **その結果**
> - 親や教師の手に負えない
> - 親や教師のストレスがたまり、疲れ果て、燃え尽きてしまう
> - 子どもの評判がだんだん悪くなる

ASらしい極端さ

　ASの子どもは、他の子どもには何でもないさまざまな日常のことがうまくできないので、とても不安でストレスがたまってしまうことがあります。そうした不安やストレスが癇癪や攻撃として噴出してしまうのは避けられないことなのでしょう。

　専門家によると、ASの子どもは、極端に怒りっぽいか極端に従順かのどちらかになりやすいとのことです。極端に怒りっぽいタイプのASの子どもは、ちょっとした言葉に挑発されて癇癪を起こし暴れてしまうかもしれません。一方、極端に従順なタイプのASの子どもは、何を言われてもまったく怒らないように見えます。また、同じ子どもが時と状況次第で両方の極端な様子を見せることもあります。

短期的な対策と長期的な対策

　ASの子どもは、怒りをコントロールすることだけでなく、自分と他人の怒りの感情を認識できるように学習せねばなりません。私たちが最も恐れるのは、子どもが困難への対処法として怒りや攻撃を表すのに慣れてしまうことです。私たちは決して見て見ぬふりをしてはいけません。身体的な暴力は特に深刻な問題であり、危険を招くことすらあるからです。

　コントロール不能の怒りと攻撃には、次の二つの対策が必要です。まず、かっとなりやすい場面をそのつど乗り切るための短期的な対策です。そして、できればそのような状況が起きないように徐々に子どもをトレーニングするための長期的な対策です。この章では、かっとなりそうな状況になったらその都度あなたがするべきことのヒントと、できればそのような状況が起きる前に防ぐためのヒントの両方を取り上げています。

療育のヒント
怒りと攻撃

78. 幼児期から始めましょう
79. 怒りを無難に表現し、上手に処理する方法
80. 危険な状況を回避するためのステップ
81. 我慢できたらごほうび
82. 口汚い言葉にはおどけてしまいましょう

危険な状況になってしまったら（ヒント71〜77　トラブルへの対処を参照）

83. 危険な状況になってしまったらどうするか考えておきましょう
84. 爆発する前に怒りの芽を摘み取りましょう
85. 落ち着いていましょう
86. 脅しに負けないようにしましょう
87. 一人にしてみましょう

ヒント 78　幼児期から始めましょう

　幼児期のできるだけ早い時期から怒りと攻撃のトラブルに取り組むと良いのは、次の理由からです。

- まだあなたよりずっと小さくて力も弱いので、対処しやすい！
- 問題となる行動を長く続けていると、パターン化されやすく容易に崩せなくなる
- 子どもが攻撃を自己表現の手段とか自分のやり方を押し通す方法とみなしてしまうかもしれないこと
- 自分が受容されて護られているという本当に必要な安心感の代わりに、怒ったり攻撃的なふるまいをして他人が自分の言いなりになることが快感になってしまうかもしれないこと
- 悪い評判が立ってしまうとそれが一人歩きしてしまい、学校などで問題になってしまうことがあります。誰も友だちになってくれなくて孤独になり、よそ者扱いされてしまうかもしれません。その状態が成人になっても続いているとすれば、本人にも周囲の人たちにとっても大きな問題に発展する可能性があります

ヒント 79　怒りを無難に表現し、上手に処理する方法

　子どもが落ち着いている時を見計らって、怒りについて話しかけてみましょう。誰だって怒ることはあるし、それでいいのだと話してあげましょう。問題なのは、怒りを**感じること**ではなく怒った時の**行動**だとよく言い聞かせましょう。物を壊さずに怒りを表現するにはどうすればいいか話し合い、「怒った時にやってよいこと・いけないこと」のリストを作りましょう（**資料6**を参照）。そして、子どもに怒りのサインが見えた時には、上手に怒りを表現するやり方を思い出せるように誘導しましょう。

ヒント 80　危険な状況を回避するためのステップ

　前にも述べたように、治すより予防が肝心です。危険な状況(クライシス)を常に回避できるとは限りませんが、手に負えなくなる回数が多くならないようにステップを踏むことはできます。本書内の他のヒントの中に、そのための方法がざっと書かれています。

- サインを決めて使いましょう（ヒント 71）
- 選択肢を与えましょう（ヒント 66）
- 爆発する前に怒りの芽を摘み取りましょう（ヒント 84）
- タイマーやストップウォッチを使いましょう（ヒント 29）
- ちょっとしたゲーム（ヒント 72）

ヒント 81　我慢できたらごほうび

　具体的には、"怒らずに我慢して落ち着いている"ことが目標です。たとえどんなささいなことでも、子どもにとってたいへんな状況なのに落ち着いていようとがんばっている様子が見られたら、よく我慢できていると子どもをほめてあげるようにしましょう。例えば、こんな風に。「赤ちゃんがレゴを壊してしまったのに、我慢していたのを見たわよ。きっと、随分と悔しかったでしょうに、よく怒らないでいられたわね。すごいわ！自己コントロールできたじゃない。お母さん、本当にうれしいわ」。

ヒント 82　口汚い言葉にはおどけてしまいましょう

　子どもが口汚いことを言ったら、代わりに自分オリジナルな言葉を使うように考えさせましょう。といっても、不快にならない程度に。よくある例では、バで始まる汚い言葉を避けてお嬢さん！と言うような場合です。おもしろおかしくおどけてしまえればもっとよいでしょう。

始めは、バアー　バーババのように変えてみましょう。ののしる言葉でも長く伸ばして言ってみると楽しいですし、おどけた言い回しにしてしまうことで子どもとのトラブルも少なくなるでしょう。

危険な状況になってしまったら

ヒント 83　危険な状況になってしまったらどうするか考えておきましょう

　危険な状況で熱くなってしまっている時に、何とかしようとしてもなかなか難しいものです。あなた自身もかっとなってしまうのに、どうやって子どもの怒りを抑えられるというのでしょう？　さしあたっては、危険な状況になった時の対応の仕方を振り返り、見つめ直してみましょう。紙に書き出して、現実的に評価してみましょう。何が有効なのか？　役に立っていないのはどれか？　試すとよさそうな新しいアイデアはないだろうか？　あなたの子どもに何が有効か、最も良く知る立場にいるのはあなたなのですから。

　このようにして、危険な状況になったらどうするかプランを立ててみましょう。そうしておけば、あなたも助かりますし、子どもの方も、怒りが爆発した時にあなたがどんな対応をするのか予め分かっていれば、今どの段階にいるのか分かりやすくなります。

　危険な状況のプランを立てて、使えるかどうか試してみましょう。必要なら、改良を加えて新しいアイデアに沿ってやってみましょう。

ヒント 84　爆発する前に怒りの芽を摘み取りましょう

　怒りが爆発しそうになっていると分かったら、手に負えない状態になってしまわないうちに早めに介入して誘導しましょう。

ヒント85　落ち着いていましょう

　熱くなり始めたら、火に油を注がないようにします。落ち着いて、感情を交えない穏やかな声で話しましょう。パニックにならないように、怒りにまかせて脅かしてしまわないように努めましょう。

ヒント86　脅しに負けないようにしましょう

　子どもがしつこくせがんだ時や、攻撃的になったり脅したりしてきた時には、好きにさせないようにしましょう。好ましい行動ではないので、これ以上自分の**好きにはできない**と印象づけるようにします。例えば、このように言いましょう。「あなたがすぐにチョコレートが欲しいのは、分かるわ。でもね、今すぐあげるわけにはいかないの。それから、今のあなたの態度では**話し合うわけにもいかないの**。あなたが落ち着いたら、どうしたらチョコレートがもらえるか話すわね」（「AをしたらBをする」の公式を使う）。

ヒント87　一人にしてみましょう

　子どもが暴力をふるい始めて一人で放っておいても大丈夫な状況ならば、あなたや他の人たちは部屋から出ることも考えましょう。周りに人がいなくなる方がカッとなった熱が冷めやすくなることがあります。

注意に関する困難

よくあるトラブル

ASの子どもには、次のような注意に関する困難があることがあります。

- 注意の集中
- 注意を向けること
- 行動を管理し実行する
- 静かにしていること／じっとしていること

その結果

- しなければならないことができない。食事の時間などにおとなしく座っていられない
- たえず動き回っている。とんでもないところや登ってはいけないところに登ってしまうこともある
- 学校での成績にも影響する

ASらしい極端さ

　集中する、注意を払う、何かに専念するといった注意に関するスキルが大事になってくると、ASの子どもには矛盾した様子がみられます。自分が特別な興味を持っていることや活動、大好きなテレビゲームなどには何時間も夢中になって取り組む"注意の過集中"がみられる一方で、注意を集中したり注意を向けたりできないのではないかと思える時があります。他のASに特有な特徴と同様に、現れ方が極端で"ほどよく中くらい"なことが少ないのです。

トラブルを分析してみましょう

　子どもに注意に関する困難がある場合、まずそれが何なのか見極める必要があります。程度によっては、ADHD（注意欠如多動性障害）があることも考えられます。その場合は、医師や臨床心理士などの専門家に頼めば評価をしてくれるでしょう。しかしながら、診断はどうであれ、子どもが注意の困難を確かに抱えていると認めることが大切です。現実的な心構えをもつことで、子どもを支援しやすくなりますし、子どもにかかわるフラストレーションが随分と少なくなるでしょう。

その他の影響

　注意の困難は、たくさんのトラブルの原因になります。特に、子どもに注意の困難があることが分かっておらず理解されていない場合は。このような子どもの行動は誤解されやすいですし、学校では能力が十分に発揮できず、実際の能力よりも低くみられるでしょう。また、だらしなくて協調性もないと思われてしまうでしょう。

　注意集中の困難は、次のようなトラブルの原因になります。

- 教師は、子どもを席に座っていさせるのがたいへん。
- 子どもは、自分の課題に集中できない。
- いろいろなことに気が散りやすい。
- よく物思いにふけってしまう。
- 忘れやすく、心ここにあらずの状態になることがある。

行動の管理と実行力の困難は、次のようなトラブルの原因になります。

- 几帳面できれい好きか全くの正反対かのどちらか。どちらの場合でも、自分なりのやり方を邪魔されることには耐えられない。
- 何かするように言われた時、本人自身はきちんとやろうと思っているのに、何をしなければならないのか忘れてしまう。

じっとしていられないために、**次のようなトラブルが起きます。**
- 落ち着きがなく、じっと座っていられない
- 食事や宿題などのときに、一つの場所に腰を据(す)えていられない
- いつも家具の上に乗ったりよじ登ったりするなど

トラブルへの対応

　ASの子どもの場合は、強迫的にならない程度に整然とした生活を送れる水準に到達させることが目標になります。そのためには、ASの子どもが必要としている明確な構造を用意してあげることが中心になります。つまり、自分がどんな立場で何をするように求められているか分かるようにすることです。

療育のヒント
注意に関する困難

88. 具体的に指示しましょう
89. 負担をかけすぎないようにしましょう
90. 紙に書いたり、目で見て分かるように工夫しましょう
91. スケジュールや予定を管理するツールを与えましょう

課題に集中させるためのアイデア

92. 気が散るものを取り除くようにしましょう
93. 「AをしたらBをする」の公式を使いましょう
94. 時間を決めましょう
95. 「どこまでできたかなカード」を作りましょう

ヒント88　具体的に指示しましょう

　子どもが、自分が何をするように求められているかきちんと理解できるようにします。簡潔で適切な指示をしましょう（**ヒント53　コミュニケーションは明確に** を参照）。**す・ま・あ・と・な** 目標を立てましょう（**ヒント6**を参照）。

ヒント89　負担をかけすぎないようにしましょう

　子どもが実行できないようなたくさんの情報や指示を与えたり一度に多くの要求をして、負担をかけすぎないようにしましょう。例えば、一連の課題をいっぺんに出さずに、指示は一度に一つずつにするか、いくつかのステップに区切って、できたらその都度ほめるようにしましょう（**資料9：スモールステップに分ける** を参照）。

ヒント90　紙に書いたり、目で見て分かるように工夫しましょう

　目で見て分かるようにすると、自分で行動管理できるようになります

- 普通のカレンダーを使い、今週の予定、今月の予定が見て分かるようにする
- 1日、または1週間の時間表を作る。1日や1週間をそれぞれの家の事情に合わせて適当に区切ったシートは簡単に作れます。それをラミネートすれば、繰り返し何度も使えます
- ちょっとした思い出し用メモや表を使う（**ヒント30・31** を参照）

ヒント91　スケジュールや予定を管理するツールを与えましょう

　子どもが小さいうちでも、自分用の管理ノートを使うように指導できます。子ども向けにデザインされたものがたくさんあって、簡単に入手できます。小さいうちから使っていると、メモ・思い出し用メモ・日程表などを使用するのは大事なことだと子どもに分かるようになります。もっと大きくなって、器械に興味を持ち始めたら、電子玩具や電子機器（電子手帳・携帯電話・パソコン・スケジュール管理用に開発された機器など）を楽しんで使えるようになるでしょう。これらの機器の便利さが分かると、将来のための良い練習になります。

課題に集中させるためのアイデア

ヒント92　気が散るものを取り除くようにしましょう

　子どもが課題に集中できるように、30分はテレビを消し電話もかけないようにするなど、気が散るものは最低限に抑えましょう。気が散らずに課題に取り組める場所を設けるようにしてもよいでしょう。居間で課題をしなければならない時は、課題に必要なもの以外はテーブルの上をきれいに片付けるようにしましょう。

ヒント93　「AをしたらBをする」の公式を使いましょう

　課題に注意を集中させるために、「AをしたらBをする」の公式を使いましょう。例えば、「おもちゃをきれいに**片付けたら**、テレビを**見ていいわよ**」というように。

ヒント94　時間を決めましょう

取り組ませるのが難しい特定の課題がある場合は、取り組ませる課題と所要時間を書き出すようにしましょう。必要ならば、子どもと話し合って決めましょう。次のように簡潔にするのがコツです。

宿題を20分やる
↓
プレステを30分できる

そして、決められた時間にタイマーか目覚まし時計が鳴るようにセットします（子どもが宿題を20分やらずに中断してしまったら、タイマーをセットし直しましょう！）。

ヒント95　「どこまでできたかなカード」を作りましょう

一続きの課題をするのが難しいようなら、「どこまでできたかなカード」を作りましょう。何をどんな順番でしたらいいのか明確にするのに便利です。終わったところにチェックを入れるようにすると、どこまでやったか見て分かるようになります。例えば、次のように使います。

- ☐ 二階に行く
- ☐ 制服を脱ぐ
- ☐ 室内着を着る
- ☐ 制服を片付ける
- ☐ 下に降りて夕飯を食べる

睡眠と就寝に関するトラブル

よくあるトラブル
- 子どもは、なかなか寝てくれませんし、十分な睡眠をとらないことがあるものです

その結果
- 次の日に疲れを持ち越して、いつもより言うことを聞かなかったりだだをこねたりします
- 家族も疲れが取れず、不満が多くなります
- 学校生活や成績にも影響します

家族への影響

　子どもがなかなか寝つかないと、家族全体が困ります。寝る時間はとうに過ぎているのに布団に入らず、かまうように要求してくる場合は特に。ASの子どもは、睡眠が不十分なことが多いようです。私の息子もそうでした。零時を過ぎてまだ起きていることも珍しくありませんでした（時には、私よりも睡眠時間が短くてよいのではないかと思えるほどでした！）。

　夜に十分な睡眠がとれなかったら、大人の方は疲れて憔悴してしまいます。他の子どもたちだって睡眠が必要なのに、ASのきょうだいが言うことを聞かずに遅くまで起きていていたのでは、おとなしくしていないでしょう。他の子どもたちは、きょうだいがそれで"叱られずにいる"のは不公平だと感じ、きょうだいのまねをして布団に入ろうとしないでしょう。その翌日は、家族全員が寝不足で機嫌が悪く、効率も落ちてしまいます。学校生活や仕事にも影響します。次の晩には、この状況を改善するための方策を講じる元気がなくて、悪循環の繰り返しになってしまうでしょう。

　親としては、子どもの睡眠不足が心配です。夜に良い睡眠をとることが、

子どもの情緒や行動を安定させるために必要なのではないかと思うこともあります。子どもには睡眠が多く必要で、十分な睡眠をとらせることが親の役目だと思っているからです。

解決への取り組み

子どもは、親が思うほど睡眠を必要としていないのかもしれません。とにかく、子どもを**無理矢理寝かせることはできない**のですから、子どもに必要な休養が取れるように体調を整えられればよしとするしかありません。

療育のヒント
睡眠と就寝

- 96. 日中の不安を減らしましょう
- 97. 眠りにつくための手順を決めましょう
- 98. 寝る準備の進め方を掲示しておきましょう
- 99. 寝る部屋を明るくしすぎないようにしましょう
- 100. "前向きなお話"をするようにしましょう
- 101. 寝かせるために目覚まし時計を使いましょう
- 102. 特製テープかCDを作りましょう
- 103. ラベンダーの効用

ヒント96　日中の不安を減らしましょう

1日を通して緊張と不安にさいなまれていたのでは、子どもはなかなか眠りにつけません。睡眠と就寝のトラブルに取り組むにあたって、夜になる前から不安を和らげるように段階を踏んでいくところから始めるとよいでしょう（不安を減らすためのアイデアは、**ヒント24〜34**を参照）。

ヒント 97　眠りにつくための手順を決めましょう

　落ち着いて確実に就寝するための手順を決めるのは、不安を和らげる決まり事を作るためです。子どもが安心してリラックスできるようにするには何が必要か考えて、就寝のための手順の中に組み込みます。例えば、

- お気に入りのパジャマや枕、布団がないか？ それとも、寝袋のようなものの方が良いのか？
- 温めた牛乳のような飲み物は好きだろうか？
- 抱っこして眠るのにちょうどよいぬいぐるみはないだろうか？
- 本の読み聞かせは好きだろうか？
- リラックスする音楽やお話のテープか CD を使ったらどうだろうか？
- 小さな声でおしゃべりするのはどうだろうか？

　AS の子どもは、毎日ものごとの手順が決まっているとたいへん安心します。可能な限り、その手順を守るようにしましょう。例えば、10 分間本の読み聞かせをすると決まっているのなら、きっちり 10 分間は読み聞かせをするようにします。必要なら、タイマーを使いましょう。

　といっても、毎日完璧に同じにするのはたいへんです。思いがけない用事が入ることだってあります。しかし、就寝のタイミングをしょっちゅう外してしまうのはよくありません。毎日の決まった手順通りにすることと日によって柔軟に対応することとのバランスがとれるとよいでしょう。

ヒント 98　寝る準備の進め方を掲示しておきましょう

　現実的で実行可能な寝る準備の進め方を取り決めましょう。掲示板に貼るなどして、何時に何をするか子どもに分かるようにしておきましょう。例えば、次のように。

ジムが夜にすること

　　7:00　　ゆうごはん
　　7:30　　おふろ・きがえ
　　7:45　　よみきかせ
　　8:15　　でんきをけす

ヒント 99　寝る部屋を明るくしすぎないようにしましょう

　子どもが暗くても怖がらないのなら、"電気を消す時間" には部屋を暗くした方が子どもは寝つきやすくなるものです。夏になると夜になってもまだ明るいので、眠りにつきにくくなることもあります。カーテンやブラインドで明かりを防げるかどうか事前に調べておきましょう。厚めのカーテンや光を通さない遮光ブラインドにすると、気持ちが休まり眠りやすい部屋になります。

ヒント 100　"前向きなお話" をするようにしましょう

　夕方、その日あったことを話す時に "前向きなお話" をすると、楽しいし安心できます（**ヒント 21** を参照）。

ヒント 101　寝かせるために目覚まし時計を使いましょう

　毎晩同じ時刻に鳴るように目覚まし時計をセットし、"電気を消す時間" を知らせるようにしましょう。眠るために目覚まし時計を鳴らすのはおかしな感じがしますが、有無を言わせず決まった時刻に一日が終わるように習慣づけられます。

ヒント102　特製テープかCDを作りましょう

　子どものためにお話を読んだり歌を吹き込んだ特製のテープかCDを作りましょう。子どもに直接お話を読んだり歌を歌ったりできない晩に重宝します。

ヒント103　ラベンダーの効用

　ラベンダーの香りには鎮静作用があります。子ども部屋に置いてみましょう。ラベンダーのお香を焚いたり、匂い袋を枕の下に入れてもよいでしょう。

うつ

よくある問題

子どもがうつになると、次の面に影響が現れます

- 食欲
- 睡眠
- 行動
- 会話・気分

その結果

- 行動の問題が起きる
- 引きこもりがちになる
- 攻撃的になる
- 医療の支援が必要になる

ASとうつ

　専門家によると、ASの成人はうつになる危険性が高いのですが、その理由はうなずけます。主な原因は、社会的な困難にあるからです。

　ASの人は、大人でも子どもでも、友だちを求めているし人に認められたいと思っているのですが、ASの人にとって世の中はストレスが多く、予測しがたく、混乱やすいものです。どんな子どもにとっても学校は生活の大きな部分を占めていますが、ASの子どもにとっては"社会的な地雷だらけの戦場"のようなものです。どうすればそこで受け入れられ、"成功を収める"ことができるかASの子にはよく分からないからです。

　私たち親は、取り越し苦労にならない程度に子どものうつの危険性に気づくことが大事です。といっても特別に何かをするのではなく、子どもが

ありのままで楽しくすごせるように支援し、ASを子どもの一部として受け入れることが基本です。

療育のヒント うつ
104. 用心を怠らないようにしましょう
105. 愛されているという心のよりどころを築きましょう
106. 一緒の時間を作りましょう
107. 共感的に聞きましょう
108. 成功感を感じられるようにしましょう
109. 守るべき時には守ってあげましょう
110. 必要に応じて医療の助けを借りましょう

ヒント 104　用心を怠らないようにしましょう

　ASの人たちは、うつのリスクを負っていることに気づきましょう。心配しすぎたり取り越し苦労にならない程度に、うつが進行している兆候や症状がないか目を光らせるようにしましょう。子どもが幸福感を感じられずうつに陥っていると、次のような形になって表れます。
- 不眠
- 不安
- 攻撃性
- 憂うつ・不機嫌
- 無口・引きこもり

ヒント105　愛されているという心のよりどころを築きましょう

それでうつにならないという保証はできませんが、子どもにとってできるだけ好ましい状態を保つための土台を形作ることはできます（第1章を参照）。

ヒント106　一緒の時間を作りましょう

できれば、子どもと一対一で何か落ち着いてリラックスできることをする時間を作りましょう。例えば、海岸や遊歩道をのんびり散歩して貝殻やきれいな石を集めるといった単純なことをするとよいでしょう。

ヒント107　共感的に聞きましょう

ASの子どもは、悩み事があったり気分がふさいだりすると大袈裟になりやすく、自分の考えに固執して聞き分けがなくなることがあります。親としては子どもが悩んでいる姿は見たくないので、傍観者的に見過ごすわけにはいきません。何とかして"問題を解決しよう"、機嫌よくなってもらいたいと思うものです。子どもが悩んだりふさいだりしている時、私たちは次のようにして"解決しよう"とするものです。

- 事態は本人が思っているほど悪くないと言って慰める
- 解決する方法を提案する
- "分別"を取り戻し、妥当な考え方をするように働きかける

当然の事ながら、このやり方で解決することもたまにはあります。しかし、子どもが普通では考えられないようなことで悩んでいる場合には、このようなやり方は役に立ちません。私たちには理解しがたいことでも、子どもにとって、その悩みは真実なのだと受け入れる必要があるのです。子ども

が悩んでいることは事実で、本人が混乱していてまだ"時が来ていない"のに問題を解決しようとするのは非生産的です。もしあなたがそれをやってしまったら、あなたは子どもが真剣に考えていることはとるにたらないと思っていて理解してくれないという印象を与えてしまうでしょう。子どもは、ますます凝り固まって敵対的になり、引きこもってしまうかもしれません。

しかし、"問題を解決する"のにふさわしくない時こそ、2人の間の信頼関係を築くのによいタイミングなのです。というのは、悩んでいる時に子どもが最も強く求めているのは、"問題を解決する"ことではなくあなたが共感して聞く耳を持ち、自分の味方だと確認することだからです。

子どもの不満を興味を持って受け入れ、判断抜きで聞くようにしましょう。子どもがたくさん話したいのならたくさん話させるようにし、あまり話したがらないのなら少しずつ話させるようにしましょう。あくまでも共感的な態度で接し、子どもの味方になり、"解決"を強要しないようにしましょう。子どもの話をあまり遮らないように、ただし子どもが答えを求めているようなら、「それは悪かったわねぇ」「そんな辛いことがあったなんて、かわいそうに」というような共感する意見だけを言うようにしましょう。

ヒント108　成功感を感じられるようにしましょう

辛い局面が続く時には、できるだけプレッシャーを少なくするようにしてあげましょう。乗り切るためのプランを立てる時には、それが本人にとってポジティブな経験になるのか確かめるようにします。背伸びをさせすぎて本人が自信をなくしたりうまくいかないと思うような難しいことをさせないようにしましょう。

少しでも成功感を感じられる方法を探しましょう。当面は、例えばゲームや絵を描くなど、本人が得意なことに注意を向けさせるようにしましょう。折に触れて努力や成果を認め、前向きな姿勢をほめるようにしましょう。

ヒント 109　守るべき時には守ってあげましょう

　ASの子どもにとっては、あらゆる状況が不安の原因になりえます。人とかかわる社会的な状況では特にそうです。過保護にならない程度に子どもを守る必要があるのですが、そのバランスを保つのは至難の業です。親としては子どもの傷つきやすさを認識し、子どもが何とかやっていける限度を超えるような不安に陥りやすい状況から子どもを守らなければならない時があります。例えば、しばらく学校を休ませた方がよいという判断を下さなければならないこともあるのです（学校で問題が起きたりいじめにあった場合は、**ヒント 166〜168** を参照）。

ヒント 110　必要に応じて医療の助けを借りましょう

　子どもの気分の状態が心配になったり病的なうつに陥っていると考えられる時は、医療の支援を求めるようにしましょう。

食事に関するトラブル

よくあるトラブル

ASの子どもは、程度の差はありますが、食に関して細かいことにこだわったり固執することが多いようです。例えば、典型的なASの子どもには次のような様子が見られます。

- 好き嫌いが激しく、何を食べるか・何を飲むかにこだわる
- 食べられるものの幅が非常に狭い
- 食べる量が極端に少ない
- 極端に食べ過ぎる

その結果

- 健康や身長体重に影響することもある
- 親は心配になり悩んでしまう
- 甘やかしすぎではないかと人に言われる

食に関する問題を理解しましょう

　食が細い子どもはたくさんいますが、ASの子どもの場合、食に関する困難は普通の子どもの比ではありません。これは、たいへん心配で悩ましい問題です。子どもにはバランスの取れた食生活をするように**強制できない**ので、容易に直せるものではありません。

　食は生活の基本ですし、たいていの人にとっては大きな楽しみなので、食に関する問題は理解されにくいのです。ASの子どもの食に関するトラブルの主な原因は、次のことが考えられます。

- 不安——極端に嫌いなものがあるとさらにひどくなる
- 感覚の問題
- 力関係の問題

不安と好き嫌い

　私の息子は食に関して非常に苦労しましたし、食べることが本人にとっていかにたいへんか誰も分かってくれないと思っているようです。しかし、本人もうまく説明できないのです。息子が最も嫌うのは今まで食べたことのないものや慣れないものを食べることです。何度か観察してみましたが、今まで食べたことのないものや慣れないものを目の前にすると、大嫌いな物を見て恐怖や不安にさいなまれた時のような表情になるのです。

　"食べ物に神経質な" AS の子どもがどのように感じているかを理解する最良の方法は、本当に嫌いなものを思い浮かべて、それを食べるように誰かに強要されたらどんな気持ちになるかを想像してみるとよいでしょう。

感覚の問題

　食のトラブルは、感覚の問題があるとひどくなります。特定の味・色・食感が極端に苦手なこともあれば、特定の食材に強迫的にこだわることもあります。加工されたポテトチップス（商品例：プリングルズ）を好むことが多いようです。恐らく、味が明確に決まっているだけでなく、いつも一定で決まった形と食感をしているからだと考えられます。

力関係の問題

　食の管理に影を落とすもう一つの要因は、力関係の問題です。心理学者によれば、食事は幼児期の子どもが自分の力で生活をコントロールできることを経験する最初の分野だそうです。子どもはかなり早い時期に、自分には食べ物を食べるか拒否するかを選ぶ力があることを発見するそうです。このような力の感覚を味わってしまうと、自分が望む力、とりわけ周囲の大人たちに対する力を誇示するために食べ物を拒否するようになってしまうのです！　もちろん、食の問題をあまりに重大に考えすぎた場合にも、これは起きます。

親の思い

　食の問題は大きな心配の種です。特に母親にとっては難しい対応が迫られます。食事は、母親業とは切り離せないものですから、子どもが食べてくれないとなると母親の権限を失ったように感じ、自分は母親失格で、子どもに嫌われてしまったのではないかと思ってしまいます。絶えず衝突してフラストレーションがたまると、この問題に愛情を持って効果的に取り組めなくなってしまうでしょう。

　さらに、ASの子どもを連れての外食はとてもたいへんです。食に関する偏向だけでなく社会性と行動上の困難も加わるからです。子どもの食習慣と行動を他の人が見たら、子どもを甘やかして言いなりになっている親だと思われて嫌な顔をされることになるでしょう。これはたいへんばつが悪いことです（そのような時は、**ヒント11**にある「**知らない人ほど、とやかく言うものだ**」を思い出しましょう）。

療育のヒント
食事に関するトラブル

食が細い場合
- 111. 調理をシンプルにしましょう
- 112. 量を少なくしましょう
- 113. 食後のお楽しみを用意しましょう
- 114. ピューレスープにしてしまいましょう
- 115. サプリメントを活用しましょう

食べ過ぎる場合
- 116. 食品構成を守りましょう

どちらの場合でも
- 117. 運動
- 118. 食事の時間を一定にしましょう
- 119. プレッシャーをかけないようにしましょう
- 120. 継続しましょう
- 121. 食事のしたくを一緒にしましょう
- 122. 食べた物のリストを作りましょう
- 123. 献立表を作りましょう
- 124. 専門家の支援を受けましょう

食が細い場合

ヒント111　調理をシンプルにしましょう

　苦労して食事の仕度をしても子どもが食べないとなると、子どもの食のことで悩んだりイライラしてしまいますが、毎日のことでイライラするのはよくありません。

　子どもにはそれほど手をかけずにできるものを出すようにすれば、プレッシャーをかなり減らすことができます（バナナとミルクは、家庭でできるファーストフードの一つです！）。

ヒント112　量を少なくしましょう

　初めて食べる物を出す時は量を少なくし、少しずつ増やしていくようにしましょう。ほんのちょっとでも食べられたら、ほめましょう。

ヒント113　食後のお楽しみを用意しましょう

食べ物のごほうびで動機づけをしましょう

　ご飯を食べ終えたごほうびに、子どもが好きで動機づけになるお楽しみを用意しましょう。食後にお楽しみがあると言うだけでなく、見えるところに置いておきましょう。そして、「AをしたらBをする」の公式を使いましょう。例えば、「フィッシュスティックを**食べたら**、ケーキを一切れ**食べていいわ**」というように。

好きな活動で動機づけをしましょう

　食事が終わったらすぐに楽しめる活動をスケジュールに組み入れましょう。「ご飯を**食べ終えたら**、ジグソーパズルを**やっていいわよ**」というように。

ヒント114　ピューレスープにしてしまいましょう

野菜などを煮て柔らかくし裏ごししたピューレタイプのスープにすると、野菜や他の栄養群の食材を隠すのに好都合です。また、"小さなかたまり"を嫌う子どもの問題を解決できます。子どもが好きな味を見つけてストックしておけば、栄養剤を入れて一緒にミキサーにかけてしまえます！

ヒント115　サプリメントを活用しましょう

子どもの栄養が足りているか心配になるようなら、サプリメントを与えてみましょう。医師や栄養士に相談すると、どの栄養が足りないかアドバイスしてくれるでしょう。サプリメントはさまざまな形状の物が入手できます。例えば、タブレットが苦手な子どもは、飴、カプセル、薬、フルーツ味の飲み物などの形状のものを選ぶことができます。

食べ過ぎる場合

ヒント116　食品構成を守りましょう

子どもが食べている食品のリストを作り、(果物と野菜、タンパク質などの)グループに分けてみましょう。そうすれば、子どもの食事のどの分野のバランスが崩れているか**見て分かります**。食べ過ぎの食品群が分かったら、そのグループを"制限する"ようにします。例えば、ケーキとチョコバーを食べ過ぎるようなら、1日を通じて許可する量を決めて守るようにします。1日に食べてもよい量を掲示板に書いておき、毎日許された量を越えたらおしまいにしましょう。

どちらの場合でも

ヒント 117　運動

　運動をすると、食べ過ぎたり食べなさすぎたりしないようにバランスを保つことができますし、食に注意が集中するのを防げます。運動をたくさんして、食事以外の時間にスナック菓子や飲み物を食べすぎないようにしましょう。そうすると、健康的にお腹がすくようになります。

ヒント 118　食事の時間を一定にしましょう

　できる限り食事の時間を決めるようにして、よくなじんだ日課にしてしまいましょう。食事の時間にちょこっと顔を出すだけでもいいですし、ほんのちょっと食べるだけでもいいので、必ずテーブルに着くようにさせましょう。ご飯の時間が決まっていて、次のご飯が何時なのか分かっていると、お菓子の量を減らすことができます。

ヒント 119　プレッシャーをかけないようにしましょう

　理想を言えば、食事の時間はリラックスして楽しむ時間であって、戦場ではないのです！　食べ物のことを問題にしないようにして戦いを避けるようにしましょう。これを実行するのはたいへん難しいことですが、子どもの食のことを**心配し悩んでいたとしても**顔に出さないようにしましょう。

ヒント 120　継続しましょう

　子どもに無理矢理食べさせることはできなくても、食べてもらいたいものを食卓に出し続けることはできます。例えば、お茶の時間にパンを食べ

て欲しいと思ったら、大騒ぎして食べさせるよりも毎晩食事に添えて出しておくようにしましょう（いつか、食べようとするかもしれません！）。

ヒント121　食事のしたくを一緒にしましょう

　ときどき、美味しくて体によいおかずを選ばせたり、料理の本を見てパンを焼いたりさせるようにしましょう。実際にできる範囲で、多くを望まないことが肝心です。買い物のリストを作り、食材を一緒に買いに行きましょう。かき混ぜる、クリームをホイップする、チョコレートクリームをかけるなど、子どもが楽しんでできる範囲で料理に参加したと感じられるようにしましょう。

ヒント122　食べた物のリストを作りましょう

　子どもが食べた物のリストを作って掲示板に貼りましょう。新しい食べ物に挑戦したら書き加えていきます。健康によいものが加わったらほめ、ごほうびをあげるようにします。

ヒント123　献立表を作りましょう

　毎回食事の度に食べる食べないで果てしなく不毛な言い争いを繰り広げないために、週の初めに献立表を作る時に予め選ばせておき、掲示板に貼りましょう。

ヒント124　専門家の支援を受けましょう

　医療の支援を受けるにあたっては、典型的な一週間の食べ物の記録をつけて予約の日に持っていきましょう。食べ物と飲み物の両方について、分

量も書き添えます。医師は、何が不足しているかアドバイスできる栄養士を紹介してくれるでしょう。

字を書くこと

> ## よくあるトラブル
> **ASの子どもには、このような困難がよくみられます**
> - 字を書くのが下手
> - 字を書きたがらない、あるいは字を書くことを拒む
>
> ### その結果
> - 学校生活で問題が生じる
> - 自信をなくす
> - 消極的な態度がしみついてしまう
> - 字がうまくなろうとしなくなっていく
> - 努力も練習もしないので、進歩しない
> - 時間が経つにつれ同級生との格差が広がり、悪循環になる

「字を書くのは嫌いだ！」

　ASの子どもの多くは字を書くのが嫌いで、字を書くことを避けるためにはあらゆる手を使うようです。それが争いの元になり、子どもにかかわるすべての人のフラストレーションになりかねません。この問題に親がかかわるのがいかに賢明かということはあまり知られていません。この問題を家にまで持ち越して子どもを不愉快にするリスクを負うのが嫌で、学校だけの問題にしておきたいという人もいます。他にもたくさん取り組むべき大事なことがあって、手が回らないのです！

　といっても、宿題はしなければならないですし、字を書くことの困難が子どもの自信全般にわたって影響していると分かると、まったく関わらずにもいられなくなります（**ヒント141～147　運動機能と協調運動** を参照）。

字を書くのが嫌いなのはなぜ？

子どもの困難の原因または一因には、次のものがあります。

- 運動機能の困難
- 頑固なこと
- 注意と集中力の問題
- 完全主義

運動機能の困難

ASの子どもにとって字を書くことは、生まれつき普通の子どもよりたいへんなのです。専門家の診断と介入が必要な、関節の弛緩や微細運動の障害などの身体的な困難があるからです（**ヒント141～147**を参照）。

頑固

ASの子どもは、初めて字を書こうとした時に不満を感じたり恥ずかしい思いをしてしまうと、やる気をなくしてしまうかもしれません。それで、字を書くのは"嫌いだ"と即決してしまうこともあります。極端に頑固な態度をとることに決めてしまうのは、ASらしい特徴です。ひとたび否定的な態度をとってしまうと、なかなか路線の変更がきかないのです（**ヒント155～158**を参照）。

注意と集中力の困難

誰だって、大嫌いなものに集中するのは難しいでしょう（**ヒント88～95**を参照）。

完全主義

ASの子どもは、人に非難されるのが嫌いです。子どもの立場に立ってみると、自分が字をうまく書けないと思ったらそれを避けるというのはうなずけます。みみずが這ったようなよれよれの字を見て、最初ちょっとやっただけでがっかりしてしまうかもしれません。あるASの女児は、先生と

まったく同じきれいな字が書けると思って始めたのにうまくできなくて、大騒ぎしてしまいました。

また、ASの子どもは、自分の考えを字に書いて表現すること自体が苦手なことがあります。字が下手というだけでなく、自分のことを字に書いて表したためにまずいことになり非難されてしまったという思いを残してしまうかもしれません（**ヒント 148〜154** を参照）。

解決への取り組み

どんな技能も、上達には練習するしかありません。しかし、どうしたら否定的になって字を書く効用も感じず、やる気のない子どもに協力させることができるでしょうか？　問題は、がみがみ言い続けると、ますますやる気をなくさせてしまうことです。いかに動機づけをするかがポイントになります。

療育のヒント
字を書くこと

125. ちょっとずつ何度も練習しましょう
126. 目標を見つけましょう
127. 書く気にさせるような道具を使いましょう
128. ゆっくり丁寧に書くお手本を示しましょう
129. 「いろはうた」で練習する
130. ページを空けて書いたり1行空けて書くようにしましょう
131. 必要なら専門家の支援を受けましょう

書字に役立つゲームなど

132. できるかなコンテスト
133. 知育ブック
134. 紙と鉛筆のゲーム
135. 伝言ゲーム
136. 宝探し

ヒント125　ちょっとずつ何度も練習しましょう

　字を書くために辛く長い練習をさせると、子どもを飽きさせてしまいます。柔軟な姿勢で臨み、ちょっとずつ頻繁に練習するようにしましょう。子どもがそわそわし始める前、楽しんでできるうちに練習はおしまいにして、上手にできたことを喜ぶようにしましょう。15分間のバトルを繰り広げるよりも、長く続く5分間の練習の方が前向きで楽しくできます。

ヒント126　目標を見つけましょう

　子どもに興味のある目標があると、やる気のなさを克服できます。例えば次のようなことです。
- ドアサインを書く（例えば、立ち入りきんし、マイケルの部屋など）
- 特別な興味を持っているものの名前を書く（例えば、蝶の種類など）
- バースデーカードなどを書く
- 日記をつける
- 手紙を書く（例えば、文通仲間や親戚の人など）

ヒント127　書く気にさせるような道具を使いましょう

　例えば鉛筆が嫌いなら、クレヨンやフェルトペンを使ってみましょう。ただし、あまり選択の範囲が広すぎると気が散ってしまうことがあるので注意しましょう。

ヒント128　ゆっくり丁寧に書くお手本を示しましょう

　あなたが、苦もなくすらすらと、あるいは注意を払わないで、急いで字を書いている様子を子どもに見せるのはよくありません。カードで買い物をしてサインするような時でも、少し時間をかけて書くところを見せるようにしましょう。自分が書いた字を、誇りをもって子どもに見せられるようなら、よいお手本になります。

ヒント129　「いろはうた」で練習する

　「いろはうた」は、すべてのひらがなが使われています。字の練習と書き方コンテストの教材に最適です。

ヒント 130　ページを空けて書いたり1行空けて書くようにしましょう

宿題でお話を書くなどの長い作文をする時は、1ページおきに書くか1行空けて書くと書きやすいでしょう。その方が気に入らないところを後で直したり書き足したりするにも便利です。

ヒント 131　必要なら専門家の支援を受けましょう

子どもに、目と手の協応運動障害や関節弛緩などの身体機能の障害があると考えられる場合は、専門家の支援を受けるようにしましょう。作業療法士が検査し、意見やアドバイスがもらえるでしょう。

書字に役立つゲームなど

ヒント 132　できるかなコンテスト

例えば、「あ」の字をきれいに書けるかな？ 30秒の間にきちんとしたきれいな字をいくつ書けるかな？ といった「できるかなコンテスト」をしてみましょう。

ヒント 133　知育ブック

紙と鉛筆を使って楽しくできる子ども向けの知育ブックはたくさんあります。
- 点を結んで絵を完成させるもの
- 迷路
- 塗り絵
- 言葉探し
- クロスワードパズル

もし、特別な興味を持っているものや大好きなマンガのキャラクターがあれば、うまく活用できます。字を書かなくても、楽しみながら絵を描くことでペンや鉛筆を使うのを嫌がらないようにできるからです。

他にも、文字や子どもの名前など何でも、練習させたいものを線を結ばせるように点だけで描き、何度も使えるようにラミネートすると簡単に作れます。上手にできるようになったら、点と点の間隔を縮めるようにします。

ヒント 134　紙と鉛筆のゲーム

紙と鉛筆だけでできる○×ゲーム、文字あてゲームのようなゲームをやりましょう。

ヒント 135　伝言ゲーム

話してはいけないルールとし、ノートに参加者が伝言を書いては伝えていくゲームをしましょう。

ヒント 136　宝探し

小さな"宝物"を隠し、関連するヒントを書いてハンター（一人または複数）が見つけられるように置いておきます。一つ一つのヒントは、何か課題をさせるものや次のヒントの場所を指示するもののどちらかで、宝物が見つかるまで続けます。一人でもチームでもできるゲームです。チームに一人は大人を入れるようにして、隠す側を交代します。

宿題の監督

よくあるトラブル

家庭で学習をする場合でも通常の宿題をさせる場合でも、困難の本質は同じです。ASの子どもに人と一緒に何かさせるようにするのはとてもたいへんな仕事です！

その結果
- 家庭ではフラストレーションがたまる
- 学校では問題となる
- 学業成績や進歩に影響する

解決への取り組み

宿題をするときにカギとなるのは、次の領域でいかに支援できるかです。
- 字を書くこと（ヒント 125～136 を参照）
- 注意力と管理力の困難（ヒント 88～95 を参照）
- 勉強に取り組める環境を用意するために必要な構造化を行う

療育のヒント
宿題の監督

勉強に取り組める環境にするために

137. 準備しましょう
138. 監督しましょう
139. 環境を整えましょう
140. 「AをしたらBをする」の公式を使いましょう

勉強に取り組める環境にするために

ヒント 137　準備しましょう

　下のような簡単な学習計画表を作りましょう。必要な場合はストップウォッチやタイマーなど、子どもの監督をするために必要なものを予め用意しておきます。

学習計画表
- ☐ 本読み（3ページから6ページまで）
- ☐ 算数　問題5
- ☐ 算数　問題6
- ☐ 算数　問題7

ヒント 138　監督しましょう

　あなたがしっかりと監督していることが子どもに分かるように、やさしいけれどゆるぎない態度で接しましょう。

ヒント 139　環境を整えましょう

　本、玩具、テレビなどの気が散るもののない所で宿題をするようにしましょう。学習計画表を見せ、「あと○分後に宿題を始めます」と、始める少し前に告げておきます。できたら学習計画表などの項目に自分でチェックさせるかあなたがチェックして見せて、消していくようにします。

ヒント 140 「AをしたらBをする」の公式を使いましょう

　子どもが素直に従わない時は、感情をこめずに「AをしたらBをする」の公式を使いましょう。例えば、「この問題が**終わったら**、ご飯にします」というように。

運動機能と協調運動

よくあるトラブル

程度の差はありますが、ASの子どもには次の困難がみられることがあります

- 微細運動の技能（手先の巧緻性に欠けること）
- 粗大運動の技能（多少のぎこちなさがみられること）

その結果、子どもにとって重要な多くの技能の習得に苦労します

- はしやナイフ・フォークを使うこと
- 靴ひもを結ぶこと
- 字を書くこと
- スポーツ
- ボール運動
- スキップ
- 自転車に乗ること
- リズムに合わせて手を叩くこと
- ダンス

子どもの困難を見抜きましょう

　微細運動・粗大運動の問題は、子どもがかなり小さなうちに発見できることがあります。かと思えば、子どもが小学校に入るまで明らかにならないこともあります。これらの困難のために不器用さがみられたり、子どもにとって重要な技能が習得しにくかったりします。適切な支援がなければ、学校生活をはじめ、生活の多くの領域で支障をきたす可能性があります。また、自尊心の形成の大きな妨げになります。

　安心材料として、年を追うにつれて運動機能の困難は次第に問題になら

なくなっていくものだと心に留めておいてよいでしょう。ほとんどの子どもは、成長するにつれて少しずつ改善していくからです。一方、子どもが小さいうちには重要だった技能の多くが、大きくなるとさほど重要ではなくなります。例えば、大人になってしまえば、必ずしもボール競技をしなければならないことはなくなります（**ヒント 125〜136　字を書くこと** を参照）。

療育のヒント
運動機能と協調運動

141. できることを伸ばしましょう
142. 楽しくやりましょう
143. 挑戦させるようにしましょう
144. 必要に応じて専門家の支援を受けましょう

ゲームと遊び
145. お手玉遊び
146. 障害物サーキット遊び
147. ししゅう遊び

ヒント 141　できることを伸ばしましょう

　子どもがうまくできるものを見つけ、長所を伸ばすようにしましょう。すでにできていることの中から、それを基に展開していけるものを最低一つは見つけて練習するようにしましょう。例えば、あなたがバウンドさせたボールを子どもが上手に取れるのなら、それをゲームにしてしまうのです。得意なことや楽しくできることを中心に、自信をつけさせるようにしましょう。

ヒント 142　楽しくやりましょう

　子どもの運動機能の発達を支援するのにベストな方法は、繰り返し練習し励ますことです。例えば公園よりも家の中や庭など、子どもが恥ずかしい思いをしなくてすむ安全な場所でボール運動などの練習をする機会を設けましょう。その際は、体育の時間にするような訓練をしてはいけません。楽しくゲームをしている感じでいいのです。

ヒント 143　挑戦させるようにしましょう

　何かに挑戦することで、やる気を起こさせるようにしましょう。例えば、お母さんの投げたボールを続けて何回取れるかな？　また、お母さんは、あなたの投げたボールを続けて何回取れるでしょうか？　というふうに。

ヒント 144　必要に応じて専門家の支援を受けましょう

　作業療法士のような専門家の支援を受けると、特に困難な機能の発達を促す運動や遊びを教えてくれるかもしれません。

ゲームと遊び

ヒント 145　お手玉遊び

　お手玉遊びは楽しいですし、ボールよりも取りやすいので自信もつきます。お手玉を使ったゲームをすると、協調運動機能の発達を促せます。
　投げては取る単純なゲームから始めてみます。例えば、円を描いた中にそれぞれが立ち、相手の名前を呼んでお手玉を投げる、などです。最初のうちは相手が取りやすいように投げます。それで自信がついて基本練習を

十分に行ったら、"ワザ"を入れるようにします。お手玉を使った"ワザ"は無限にあります。子どもに新しいワザを"発明させる"ようにし、望むならかっこいい名前もつけてもらいます。例えば、このようなアイデアを提案してみます。

- それぞれ交代でお手玉を上に投げ、決まった回数続けて取れるかどうか競います（ヒント——あまり高く投げない方が楽です）
- 相手が投げたお手玉を、一度ジャンプしてから取る
- 相手が投げたお手玉を、手をたたいてから取る
- 相手が投げたお手玉を、片足を上げ、上げた足の下で手をたたいてから取る

ヒント 146　障害物サーキット遊び

家の中が散らかってもかまわないなら、スツールやクッションなどを利用した障害物サーキットを作ることもできます。その中に、楽しみながら挑戦できる運動を必ず入れるようにします。例えばこんな運動です。

- お手玉を頭に乗せて、バランスを取りながらゆっくり部屋を横切る
- お手玉を頭に乗せて、階段を上り、バランスを取りながらゆっくり降りる
- スリー・スタージャンプを（しゃがんでから「大」の字に手足を広げたジャンプを3回）やる
- 廊下にスツールを並べて置いて、ひとつずつ乗り越えていく
- 腹筋あるいは手を使わずに座っては立ち上がるのを5回など

ヒント 147　ししゅう遊び

　男女を問わずししゅう遊びが好きな子がいます。この遊びには、精密さと正確さが求められるので、療育的です。また、集中力を養い微細運動の発達を促しますし、完成した時の達成感があり人にほめられる喜びもあります（飾ったり額に入れたりするとなおよいでしょう）。子ども向けの簡単なパターンが入手できるので、きっと気に入ったものが見つけられるでしょう。

完全主義

よくあるトラブル

ASの子どもは、実現できそうにない高い基準を自分自身（または他人）に課していることがあります。

その結果

- 間違うことに対処できない
- "勝ち負けへのこだわり" が強く、試合に負けると怒ったり落ち込んだりする
- 勝てるか人よりうまくできると確信できない限り、続けようとしない
- うまくできないことが分かってしまうのを恐れて、新しい活動や課題をしたがらない

この問題の影響

　完全主義の姿勢を貫こうとする子どもに起きる問題の一つは、自分で生活をしにくくしてしまうことです。自分で決めた高い基準を達成する願望を持ち続けている限り、自分自身を相当に追い立てなければならなくなるからです。

　基準が高いとかなりがんばらなければならないので、将来つける職業選択の幅を広げることになるというプラス面もあります。しかし完全主義の姿勢が危険なのは、自分で決めた高い基準が達成できないかもしれず、目標が達成できない失望感に一生さいなまれ続けてしまうかもしれないことです。

　また、このような姿勢をとり続けると人に嫌われてしまうという問題も起きます。スポーツの勝ち負けにこだわる人や負けると怒る人とはつき合

いにくいですし、子どもっぽい甘ちゃんだと思われてしまいます。もちろん、誰だって負ければある程度はがっかりするものですし、そう思うのはまったく普通です。しかしたいていは、かなり幼いうちからこのような時にはどう対処すればいいか学習します。人生に負けはつきもの——完全な人間はいない——ですし、常に勝てるとは限らないのです。これを悟ると、負けたり失敗した時に冷静に対処できるようになるものです。しかし、同じ状況にいて、ASの子どもは大騒ぎして怒りを露わにするばかりなのです。

どうしてなのか理解しましょう

根っこには次の三つの問題があると考えられます。
- 実現する見込みのない期待
- 自分が認められることへのこだわり
- 思った通りになることへのこだわり

実現する見込みのない期待

ASの子どもは、まったく実現しそうにない期待をもっていることがよくあります。どうやら、本当に"その通りになる"と心底思っているようです。そして、当然ながらその期待が正しくないことが明らかになると、自分が失敗したと思ってしまうのです。

このような否定的な自己意識をもってしまうと、自信とやる気を失いやすくなります。極端になると、諦めの境地にたどりついて何もしなくなってしまうことさえあります。やがて、自分に都合が良い思い通りの結果になると確信できないことには関わろうともしなくなってしまうでしょう。

自分が認められることへのこだわり

自分が劣っている、至らないと思うのは誰だって嫌です。だから、ASの子どもの完全主義の姿勢は、周囲の人たちをとても不快にさせてしまう

のです。わざわざ自分が優れているように見せつける印象を与えてしまうからです。確かに本人は、自分は優れていると切に思いたいのかもしれません。しかしそうだとしても、それは（本人はそうとは自覚していないにせよ）自分が受容され守られているという、本当に必要な安心感が姿を変えたものだと気づくことが大事なのです。

思った通りになることへのこだわり

ASの子どもは、物事が思った通りになることを自分が受容され守られている安心感を得るために必要としていることがあります。何事も思った通りになるに越したことはないのですが、実際には最高か最初になりたいという意味のことがよくあるのです。しかしどうやら、最後というのも特別な順番のようなのです！ 私の息子は、毎日教室から出る時に最後になることにこだわりました。──最初ではなく「最後」に、です！ 息子は、教室から出る最後の人になれないとよく大騒ぎしたものです。ご想像の通り、私はこれには幾度となく困惑しました。最後になるのがなぜそんなに大事なのか理解したのはつい最近です。それは、予測不可能で混乱することの多い学校という世界の中で、息子にとって自分の思い通りにコントロールできる数少ないものの一つだったのです。

無気力と完全主義、失敗への恐れ

ASの子どもは、無気力と完全主義という両極端の間を揺れ動くことがあります。ある日またはある活動にはまったく無気力なのに、同じ子どもが別の日または別の活動にはものすごく真剣に熱中している様子を見ると困惑してしまいます。しかしこれは、理解するのにそれほど難しいことではありません。なぜなら、ASの子どもも他のすべての子どもとまったく同じたった一つの原則 ── 失敗への恐れと恥をかきたくない気持ち ── に従っているだけだからです。しかしASの子どもの場合はより深刻です。ASの子どもには、社会的に"うまくやれない"というフラストレーションと、

そのために恥ずかしい思いをしやすいという問題があります。加えて、自分で設定した実現する見込みのない基準に照らし合わせて、できないと思い込んでしまうからです。

　本人は失敗を恐れていますが、そうだと認めることはまずありません。その代わり、自信のもてない事柄には一切手を出そうとせず、失敗のリスクを完全に回避しようとするでしょう。本人は、興味がないとか「関係ない」と言うか、頑として関わることを拒否するかのどちらかでしょう。

　このように、「完璧にできないなら、やらない方がまし」という考え方に基づく無気力は、ある意味では完全主義の裏返しと見て取ることができます。

解決への取り組み

　私たちは子どもに力を貸して、実現可能な新しい目標を設定させるようにする必要があります。子どもが学ぶ新たな基準は**本人なりにベストをつくす**のを目標にすることで、それ以上は求めません。子どもにはものの考え方を変えるように働きかけ、より現実的な成功の定義を少しずつ教えていくようにします。

療育のヒント
完全主義

- 148. 失敗に対して"賢明になる"ように教えましょう
- 149. 結果よりも努力をほめましょう
- 150. 試合の勝ち負けにこだわらなくなるように指導しましょう
- 151. 失敗してみせましょう
- 152. 失敗を打ち明け合いましょう
- 153. 家訓を作りましょう
- 154. 健全な自尊心をはぐくみましょう

ヒント 148　失敗に対して"賢明になる"ように教えましょう

　"賢明な考え"は論理的な思考からなされるものですが、ASの子どもの場合にはあなたが意識して教えなければ自然には身に付きません。といっても、子どもが何か"失敗して"慌てている最中に教えてもまるっきり頭に入りません。子どもが聞く耳を持っているリラックスした時を見つけて、少しずつ失敗に対する"賢明な考え"を話すようにしましょう。例えばこんなことです。

- 人にはみなそれぞれ長所と短所があり、それで良いのだということ
- 誰にでも間違いはある。人類史上いまだかつて、常に"正しかった"人は一人もいない！ ということ
- 自分の弱点や失敗を許せるようになるのは成長の証しだということ
- 失敗した時こそ、次にはもっとうまくできる方法や違うやり方を学ぶチャンスだということ
- 発明家は、失敗から学ぶ方法を知っている辛抱強くて賢明な良い例

だということ。…例えば、トーマス・エジソンは、電球を発明するまでの何年もの間"失敗の連続"でした。彼は、自分が求めている素材に辿り着くまでに文字通り何百もの物質を試したのです。誰かが彼に、そんなに失敗ばかりして失望しないのかと尋ねたことがあります。彼は、今までの努力は一つも無駄ではない、なぜならその一つ一つが何かしら教えてくれるからだと答えたそうです。お陰で、エジソンは何百もの物質が明らかに電球に適していないと分かったのですから！ たまたまタングステンのフィラメントを試してみたところ、それこそ彼が探していたものだったのです。つまり、電球が発明されたのは、エジソンの"失敗"に対する"賢明な考え"の賜物なのです

● 『間違いを活かす発想法』（シャーロット・F・ジョーンズ、ジョン・オブライエン 1994／左京 久代訳　晶文社　1997）を読むように勧めてみる

ヒント 149　結果よりも努力をほめましょう

　人は誰しも、おのおの違う能力や技能をもっているものだと教えましょう。ある人にはあることが楽で、他の人には他のことが楽だったりします。最も賞賛に値するのは必ずしも結果だとは限りません。人がそのためにした努力であることもあるのです。

　日々の生活でその例を見つけては、この考え方を身につけさせるようにしましょう。例えば、子どもがガタガタの線を書いたのにあなたが「きちんとしたきれいな線を書けた」と言っても、子どもは信用しません。「お母さんは、あなたの作品が好きだわ。一生懸命やったしすごく努力したんだもの。お母さんは立派だと思うわ。努力することに価値があるのよ。よくやったわね！」と言うようにするなどです。

　同様に、本人にとっては簡単にできることに他の人が難儀しているのを見た時は、その人はその人なりにがんばっていると教えましょう。例えば、妹がパソコンを苦手にしているのなら、自分が字を書くのに苦労している

のと同じように妹には難しいことなのだと教えましょう。他の人がしている努力にも、価値があるのです。

ヒント150　試合の勝ち負けにこだわらなくなるように指導しましょう

　これらは、他の子どもたちが直感的に少しずつ学んでいく基本的なことですが、ASの子どもには明確に辛抱強く、言葉にして教える必要があります。

- 誰もが勝ちたいと思っていること
- 負けたい人はいないこと
- 全員が勝つこともありえないし、いつも同じ人が勝つこともありえないこと
- 負けるのは悔しいものということ
- 負けにこだわっていると、負けたときに（地団駄を踏んだり、癇癪を起こしたりして）大騒ぎしてしまうこと
- 勝ちにこだわっていると、勝ったときに（負けた人をまぬけ呼ばわりするなどして）"カラスのように"騒ぎ立ててしまうこと
- 負けにこだわらない人は、悔しくても勝者をたたえ、「すごいね、ジョニー！」などと言って握手するものだということ
- 勝ちにこだわらない人は、「いい勝負だった」とか「ちょっとの差だったね」とか「次はがんばってね」などと言って、負けた人に同情するものだということ

　このようなことを日頃から言っておき、試合の最中など実際の現場ではそれを思い出させるようにします（他の子どもが適切なふるまいをしているのをほめても同じです）。そして、誰が勝っても"勝ち負けにこだわらず"にふるまえるかどうか見ていることを子どもに言っておきます。きっと、熱くなっている最中には忘れているでしょう。でも、覚えていたら大

いにほめてあげましょう。

ヒント 151　失敗してみせましょう

　あなたが失敗を許し、失敗から学んでいる様子を子どもに見せるようにしましょう。といっても、大事なことや大きな失敗をして見せる必要はありません。ハガキを出し忘れたとか、トーストを焦がしてしまったということでいいのです。失敗に注意を向けさせて、例えばこのように言います。「おっと失敗しちゃった。けど、平気よ」。

ヒント 152　失敗を打ち明け合いましょう

　子どもは、失敗に対して健全な考えをもち、失敗も人生の一部と許容したり話せるように学ばなければなりません。この話題に家族全員を巻き込んでしまうのも楽しいかもしれません。というのは、失敗に対する姿勢が未熟なのは AS の子ども一人とは限らないことがよくあるからです。
　失敗を打ち明け合う時には、一人一人が自分の失敗や今までに見た誰かの失敗をいくつか話します。そして、失敗した瞬間にはどう思い、その失敗から何を学んだかということも話すようにします。次のような失敗のパターンから拾ってみましょう。

- 恥ずかしい失敗
- 痛かった失敗
- まぬけな失敗
- 重大な失敗
- おかしな失敗

ヒント 153　家訓を作りましょう

標語を考えて家訓(モットー)にすると楽しくなります。忘れないように、台所の壁や冷蔵庫に貼っておきましょう。例えばこんな標語を。

- 失敗したってへっちゃら
- 失敗のない人は、何もしない人だ
- 失敗は成功の本(もと)
- 七転び八起き
- 禍を転じて福と為(な)す

お子さんが失敗して慌てはじめたら、我が家の家訓を思い出させるようにしましょう。

ヒント 154　健全な自尊心を育みましょう

自分はありのままでいい、完璧な人間にならなくていいと本人が思えるように、健全な自尊心を育成するようにしましょう(**ヒント 19〜23** を参照)。

かたくなさ

よくあるトラブル

ASの人たちにとって、柔軟に融通を利かせるのはたいへん難しいことなのです。生活のさまざまな面で、どう考えどう行動するか堅く決めてしまうのです。このかたくなさは典型的なASの特徴の根源をなすもので、そのために典型的なASの子どもには次のような傾向がみられます。

- 変化に抵抗する
- 強情でひとりよがり
- 強迫的
- 杓子定規

その結果

- 成人しても、"物事が自分の意のままになる"と思っていることがある
- 先々のことが予測可能だと思いたい
- 物事を白か黒かでみてしまうようになる
- ささいな決まりごとに縛られる
- 常に"自分が正しい"のでなければ気が済まない
- 儀式のようなしきたりを作るのが好き
- 変化に対処するのが難しい
- "特別な興味の対象"に熱中したり、強迫的になる
- 杓子定規
- ささいなことや愚かなことを長々と論じ続ける

変化への抵抗

　ASの子どもは、変化に対してとても抵抗します。他の子どもたちにとってはたいして問題にならないちょっとした変化でも、ASの子どもにはたいへんなことなのです。例として、手順やスケジュールがいつもと違う、家具を移動したので寝室の様子が変わった、きょうだいの世話をしに来る留守番の人や学校に自分を迎えに来る人がいつもと違う、など。

強情でひとりよがり

　一体どうしてそうなってしまったのか分からないままASの子どもとの言い争いに引き込まれていた、といったことがあなたにもときとしてあると思います。ASの子どもがかたくなな姿勢をとると、頑として受け付けなくなってしまうのです。その問題が愚かしいことでもささいなことでも何だかよく分からないことであっても、おかまいなしです。あなたが説得しようとすれば、さらに意固地になるだけでしょう。

　こんなことを言うのは不謹慎かもしれませんが、かなり時間が経った後で、あなたと子どもが正反対の立場から同じ事を同じくらい頑固に言い争っていたことに気づくと、笑ってしまうでしょう。しかしこれでは、お子さんが説得に応じて考えを変えることはまずありえないでしょう。もっとも、お子さんが自分の元の意見を**忘れてしまう**ようなことでもあれば、その可能性はなきにしもあらずですが！

　強情でひとりよがりな態度に対応するのは本当にフラストレーションがたまりますが、これもASの特徴の一つと認めて受容することが大切です。ASの子どもは、わざと人を怒らせようとしているわけではありません。融通が利かないのは生来の性質なのです。ASの子どもは、特定の考えにとらわれてしまうとそこから離れられなくなってしまうのです。子どもの意見が明らかに間違いでぜんぜん筋が通っていなくても、それ以外の可能性を考えたり見方を変えることがまったくできません。心の中では自分が正し

いと完全に確信していますし、特に頑固になっている時は自分が間違っている可能性を考える余地などないのです。

強迫的

　子どもやティーンエイジャーが、テレビタレント・スポーツ選手・歌手やファッションといった興味の対象に夢中になって"熱狂する"のは、まったく普通です。ASの子どもがそれと違うのは、特別な興味を持つ領域がかなり普通と掛け離れているところです。さらにASの子どもは、興味を持つと普通の子どもよりも熱中しやすく、より仔細になることでしょう。

　プラス面を考えると、特別な興味の対象に関してはたいへんな物知りになれます。もし同級生たちも興味を持っているものと同じ分野だったら、その子の株が上がるところです。

　しかしマイナス面は、特別な興味は強迫的になりやすく、子どもの生活を支配しかねないところです。やがてそればかりがあまりにも大事になり、他の関心事や仕事とのバランスがとれなくなってしまうでしょう。実質的にはそのことしか話そうとせずそのことばかり考えるようになり、自分以外の人は同じように思っていないことにも気づきません。

療育のヒント
かたくなさ

155. ASの子どもは融通を利かせるのが難しいことを忘れないようにしましょう
156. 情報はこまめに、でも誤解を与えないようにしましょう
157. 不安を減らしましょう
158. 少しずつ柔軟性を高めるようにしましょう
　　（ヒント77　険悪なまま会話を終わらせないこと　を参照）

ヒント 155　ASの子どもは融通を利かせるのが難しいことを忘れないようにしましょう

　例えば、車を降りるのに"いつもと違う"ドアから出るように言われたなどというささいなことで子どもが大騒ぎしているのを目の前にして、怒らないように我慢するのはたいへんです。そのような時には、ASの子どもは融通が利かなくて当然であることを思い出すとよいでしょう。普通の意味での"わがまま"でもなければ、態度が悪いのでもありません。ASの子どもは、もともと融通を利かすのが難しいのです（**ヒント 15　ASの人のかたくなさを理解しましょう** を参照）。

ヒント 156　情報はこまめに、でも誤解を与えないようにしましょう

　AS的なものの見方からすれば予測できないことは最悪だと、心に留めておきましょう。ASの子どもには、予め計画と見通しを告げるようにします。子どもがうまく対処できないと思う変更の可能性も前もって検討し、予め子どもに言っておきます。子どもは変更を快く受けつけないかもしれませんが、心の準備ができていれば少し楽になるからです。

　本人にとって大事なのはこれから何が起きるか分かることなので、誤った約束をしないように十分に注意しながら、言いたいことはできるだけ正確に伝えるようにします。ASの子どもは、あなたの話を文字通りに受け取ることを忘れないで下さい。"たぶん"とか"たいてい"とか"だいたい"といった言葉を使って、断言しないようにしましょう。そうすれば、あなたは知っている範囲で教えているけれど人生は完全には予測できないものだと、本人に分かるようになるからです。例えば、このように。

- **たぶん**、お父さんが学校に迎えに行くでしょう。
- バスは**たいてい**8時に来ます。
- **だいたい**30分で帰ってくるわね。

ヒント 157　不安を減らしましょう

　子どもの考え方が凝り固まっている時には、怒ったり融通を利かせるように求めると逆効果になることを肝に銘じておきましょう。ASの子どもは、安心感が大きくなればなるほど融通が利くようになります。子どもの不安レベルを下げる努力をすると良い方向にはたらいて、少しでも融通を利かせることを学習できるようになるでしょう（**ヒント 24～34　不安を減らしましょう** を参照）。

ヒント 158　少しずつ柔軟性を高めるようにしましょう

　私たちが、自分のASの子の身のまわりをもっと見通しがつくようにして、子どもの生活を快適にしたいと望むのは当然です。しかし長い目で見れば、少しは融通を利かせられるようになるに越したことはありません。たまには今までのパターンをわざとほんのちょっとだけ変えて、子どもに背伸びさせるようにするのもよいでしょう。例えば、普段あなたが学校に迎えに行っているのなら、一度他の人に迎えに行ってもらうとか。

　ここで大事なのはタイミングです。間違った時にあなたが無理強いすると裏目に出て、子どもはますますかたくなになってしまうでしょう。しかし、子どもがリラックスしてそのアイデアを受け入れられそうな時を選べば、いろいろ説明できますし前向きに楽しく話を持ちかけられるでしょう。そうすれば、お子さんはその変更を楽しみにできるかもしれません。

学校でのこと

> ## よくあるトラブル
>
> 学校では、次のような不快な体験や失敗を経験しやすいことが問題になります。
>
> - 社会的な行動：特に他の子どもたちと運動場などで一緒に遊ぶ時
> - 学校生活で期待されている標準的なふるまいをすること：例えば、教室内や体育館などで
> - いじめ
>
> ### その結果
>
> - 教師が、ASの児童にはどう対処してよいか分からなくて困ってしまう。または、難しいと感じる
> - 子どもの不安レベルが高くなる
> - 学校が楽しくなくなる
> - 学校や学習に対して消極的になる
> - 態度が悪くなり、トラブルを起こすようになる
> - 行きしぶり・不登校となる

学校は楽しいところ？

多くのASの子どもにとって、学校生活はまわりが思っているような"人生で最も幸せな日々"でないことは明らかです。もしあなたのお子さんが、楽しくて安定した学校生活を送っているのならそれは素晴らしいことです。しかし残念ながら、そういう子どもは少数です。悲しいかな、現実にはとてもたくさんのASの子どもが学校生活に困難を感じ、惨めな思いをしています。

教師の立場からすると、ASの子どもはとても扱いにくいように見えます。ASの子どもは、学校生活の流れや決まりに素直に従おうとしません。ASの子どものふるまいは教師を困惑させ、いらだたせることでしょう。親の立場からすれば、自分の子どもが何とかしようと奮闘している姿を見るのは忍びないものです。子どもはよく、心配でどうしていいか分からなくなるしイライラします。では、ASの子どもの視点で見ると、学校はどんなところなのでしょうか？

子どもの視点に立ってみましょう

混乱とカオス

　ASの子どもにとって学校というごちゃごちゃした世界は混乱しやすいところで、カオスのように感じられることでしょう。予定外のことに対処できないという基本的な問題があるために、ASの子どもには難しいことがたくさん起きます。これから何が起きるのかまったく分からず、自分がどうしたらよいかまったく分からないことが多いのです。

感覚の問題

　子どもが何とかしようとすればするほど、不安レベルが上がります。そうすると、普段にも増して雑音などの感覚刺激に敏感になります。感覚敏感性の困難が悪化すると、さらに不安になります。この悪循環の繰り返しとなりかねません。

社会的な困難

　ほとんどの子どもは、自由に遊べる時間が大好きです。休み時間や昼休みです。しかしASの子どもにとっては、その時間が学校の中で一番難しい時間なのです。ASの子どもは、何をどうするか決まっていなくて何の指示もない自由時間に同級生たちとうまくやっていくにはどうしたらいいかさっぱり分からないからです。特に、チームとは何か、仲間とは何か、

"悪い友だち"とは何かといった、ほとんどの子どもにとっては何でもない社会的な概念やいろいろな遊びのことがほとんどよく分かりません。この困難のために、ASの子どもはいじめやからかいに遭いやすいのです。

他の要因
加えて、教室では次の困難も考えられます。

- 字を書くこと（ヒント 125～136 を参照）
- 注意・集中・自己管理（ヒント 88～95 を参照）
- 宿題のこと（ヒント 137～140 を参照）

いじめの問題
——いじめにあったら、いじめに気づいたら、いじめをしたら

残念ながらいじめは学校に限った問題ではないとはいえ、学校はASの子どもが最もいじめの標的になりやすい場所です。いじめはどんな子どもにとっても痛ましい問題ですが、ASの子どもの場合はより深刻で複雑です。

ASといじめ：いじめにあう、いじめに気づく
トニー・アトウッドは、学校はASの子どもにとって"社会的な地雷原"のようなものだと書いています（1998）。ASの子どもは、他の子どもの本質的・利己的な本能を刺激しやすいようです。母性本能を感じてASの子どもの世話をしたがる子どももがいるかと思えば、不幸なことにASの子どもを"えじき"のように扱ったり意地悪する子どもがいるのです。

ASの子どもには"略奪者"を見分ける力がほとんど備わっていないので、自分の身を守れません。ASの子どもは他人の意図を"読み取る"のが容易でなく、誰が本当の友だちで誰がそうでないか見分けられないのです。従って、次の二つの重大な問題が発生しやすくなります。

1. ASの子どもの無防備さはつけ込まれやすく、不当な扱いや意地悪をされやすい。そのため、いじめの標的になっている。
2. ASの子どもは、例えば冗談や、単にふざけただけの言葉や面白がって言った言葉といった悪気のない人の意図を誤解し、過剰に反応しやすい。そのため、自分がいじめを受けている、あるいは不当な扱いを受けていると**誤解してしまう**。

この二つは、ASの子どもの心の中ではどちらも**実際に起こりうる悩ましい問題**だと覚えておくことが大切です。

ASといじめ：いじめをする場合

ASの子どもは、巧妙な組織的いじめをすることはほとんどありません。しかし、他の子どもがするように威張り散らすことがあります。たいていは、例えば不満や怒りが行動に表れた時などに、意図的にではなく無意識のうちに起きるようです。

ASの子どもは、いじめをする側になるよりもいじめられる側になる割合が、普通の子どもより高いのが一般的です。ASの子どもがいじめをする時は、たいていトラブルを起こしているかトラブルに巻き込まれているかのどちらかです。ASの子どもはわざわざ人を怒らせたり人を怒らせるようなことをするので、犠牲になりやすいのです。

いじめの悪影響

どのような事情があるにせよ、いじめはASの子どもにとって深刻な問題で、生活を悲惨にしてしまいます。次の問題を含め、さまざまな形となって表れます。

- 自尊心と自信が損なわれる
- うつ・引きこもりとなる
- 人に対して敵対的になり怒りっぽくなる
- 不安と緊張のレベルが高まる
- やる気をなくす

学校の価値

普通の子どもたちの頭の中を覗いてみると、学校生活の 85％以上は友だちと一緒に何かすることで占められていることでしょう。子どもの頭の中では、他のこと（例えば授業など）は 15％程の重要性しかありません。しかし AS の子どもの頭の中では、学校生活の 85％は失敗・仲間はずれ・屈辱・誤解・不公平・いじめといった否定的な感情と経験で占められている危険があります。適切な支援なしでは、容易にやる気に影響します。やがて、学校生活や学習に消極的になり、事態を打開しようと努める価値もないと決めてしまうことでしょう。

前向きに考えましょう

学校で過ごす日々は確かに大事ですが、永久に続くわけではないことを心に留めておくべきです。AS の人たちにとっては、学校を出た後の生活の方がずっと楽かもしれないのです。従順さを要求される度合いは学年が上がるにつれて減っていき、やがてなくなります。もっと大きくなればもっと自由になり、自分に楽なように生活環境を変えられるようになります。自分の興味を追求できるようになるでしょうし、騒がしいグループを避けることもできます。自分の個性に合った就労形態を選び、自分にベストな社会環境に身を置くこともできるかもしれません。

解決への取り組み

ひとたび子どもを学校の敷地内に送り出すと、事実上は子どもの世話と責任を学校の先生方に委ねることになります。そこにはそこのルールややり方があります。子どもが学校で経験することに私たち親が直接影響できることは限られているとはいえ、子どもを支援する方法はまだたくさんあります。

> **療育のヒント**
> # 学校でのこと
>
> 159. 子どもに合った学校を選びましょう
> 160. 学校生活に向けて準備と指導をしましょう
> 161. 警戒を怠らないようにしましょう
> 162. 家を安心できる天国にしましょう
> 163. コミュニケーションのパイプを繋げておきましょう
> 164. 専門家と連携しましょう
> 165. 専門的な検査を受けましょう
> 166. いじめの問題に対処するには
> 167. いじめの問題を学校に持ちかけるには
> 168. 学校からの"タイムアウト（一時避難）"

ヒント159　子どもに合った学校を選びましょう

　最初にしなければならない最も重要なことは、どの学校が子どもに最適か決めることです。学校の調査や訪問をする際には、どんなところに気をつけたらよいかよく分からないでしょう。ASの子どもにぴったりの学校はなかなか見つかりません。次の点に注意してみるとよいでしょう。

- 静かで整然とした雰囲気があるか
- 父兄の意見を聞き柔軟に対応する姿勢があるか
- 子どものニーズに共感的か
- ASについての確かな知識があるか、あるいは少なくともASについて勉強する姿勢があるか
- ASの子どもを積極的に受け入れた経験があるか
- 必要な教員数が確保されているか

●しっかりした考えをもって愛情豊かに子どもと接しているか

　同じ学校に通っているASの子どもの父兄から話が聞けると、たいへん参考になります。きっと、今までどんなことがあったか話してくれるでしょう。頼めばそのような接触の場を設けてくれる学校もあります。薦めてくれる人が誰かいると安心できます。

ヒント 160　学校生活に向けて準備と指導をしましょう

学校生活に向けた"普通の"準備

　就学するにあたってはどんな子どもでも、学校とはだいたいどんなことをするところか前もって分かっているととても助かります。ASの子どもの場合は、もっと重要です。できる範囲で楽しく前向きに、段階を追って準備するようにします。学校のことを話し、次のような学校をテーマにした学習や遊びをしましょう。

　　●本を読む
　　●ビデオを見る
　　●絵を描く
　　●"学校"ごっこをする（ロールプレイをする）
　　●学校に行って、先生に会ってみる

学校生活に向けての指導

　ASの子どもは、特にソーシャルスキルの面に難しい特有の困難を抱えています。そのために特別な準備をするのはまったく正当なことです。あなたが**ソーシャルスキルと社会的な気づきに関して支援できることは何でも、学校生活にとても役立つでしょう**（ヒント 35～50　社会性と感情のギャップを埋めるには を参照）。

　子どもが実際には分かっていないのに、分かっているものとあなたが決めてかかっていることがあるものです。学校という社会的な地雷原でやっ

ていくために助けになる次のような微妙な概念が理解できるように指導しましょう。

- そのつもりはなくても人を傷つけてしまうこと (**資料 11**)
- 悪意のあるからかいと悪気のない冗談 (**資料 12**)

ヒント 161　警戒を怠らないようにしましょう

子どもが学校で楽しそうにしているかいないか常に監視していましょう。子どもが、何か困っていることがあると言ってきた時には根気よく聞いてあげるようにしましょう。しかし AS の子どもはうまく人に話せないことが多いので、次の点に注意して観察しましょう。

- 学校に行く時の様子はどうか？　嫌がったり緊張したりしていないか、それともリラックスして意欲があるか？
- 他の子どもたちとの関わり方はどうか？　この点については、先生と連絡を取り合うようにします
- 週末や休日の様子はどうか？　普段よりリラックスしているか？
- あざ、切り傷、服が破ける、お金を"なくす"、などのいじめの証拠となるものはないか？（**ヒント 167** を参照）

学校が楽しくないと、次の形で表れることもあります。

- 不眠
- 不安
- 攻撃性
- 不機嫌・癇癪
- 無口・引きこもり
- 行きしぶり

ヒント 162　家を安心できる天国にしましょう

　ASの子どもにとって、学校はとてもたいへんなところです。ASの子どもは切に、家庭が安心できる場所になることを必要としています。ASの子どもには、自分の味方になってくれる人が誰かいると信じてくつろげる場所が少なくとも一つは必要です。自分が誰かに支えられていると本人に感じられるようにする方法の一つは、子どもの話に耳を傾けてあげることです（**ヒント 107　共感的に聞きましょう** を参照）。

　恐らくお子さんは、学校で自分は不当な扱いを受けていると思っているでしょうから、家庭ではあなたが、公正な対応をするだけでなくASの子どもにとって公正と思える対応をすることが大切です。お子さんが学校から帰宅したら、つきっきりで外で他の子どもと遊んできた緊張を和らげるように努めましょう。

ヒント 163　コミュニケーションのパイプを繋げておきましょう

　あなたと学校の間で、コミュニケーションのパイプを繋げるためにできることは何でもやりましょう。担任の先生と連絡を保ち、何かトラブルがなかったか尋ねましょう。家で困っていることがあったら、連絡ノートに書きましょう。家で何があったか分かると学校での対応が容易になりますし、その逆も同じです。

　学校でトラブルが起きた時に、実際に何があったか探り出して真相を突き止めるのは難しいものです。子どもも学校も、何かがうまくいっていないという点では一致しているのですが、**何が悪いのか**については見解を異にしている場合が多いからです。両者を調整するのはなかなかたいへんです。両方の言い分をできるだけ公平に聞くようにしましょう。

　子どもがルールを守っていないと思われるなら、"子どもは責めないが

行動は正す" 方向で諭すことを忘れないようにしましょう。その行動を許すわけにはいかないけれど子どものことは大好きで、悪い子だとは思っていないし、この次また同じ事を繰り返さないために教えているのだと言ってあげるようにします。

学校の対応が悪いまたは不当だと思われる場合は厄介です。学校には包み隠さず率直に言うようにしましょう。あなたはどう思っているか、あなたがとても心配していること、自分の子どもは扱いが難しいのは承知していること、起きたことを非難するつもりはないこと、何があったのか教師の立場から見解を聞かせてほしいこと……など。対決する姿勢で臨むと良い結果にならないものだと覚えておきましょう。

多くの場合、学校側は事情を説明でき、あなたと同じようにベストを尽くしていると言ってくれるものです。父兄の意見を聞く姿勢がある学校なら、この次また同じ結果を招かないようにするにはどうすればよいかあなたが提案すれば、快く聞き入れてくれるでしょう（**ヒント 167　いじめの問題を学校に持ちかけるには** を参照）。

ヒント 164　専門家と連携しましょう

就学時に AS の診断がついていてもいなくても、そう長くないうちに何らかの特別な配慮が必要な子どもだと教師や関係者が気づくことになるでしょう。いずれ、専門家の診断と支援が必要になるかもしれません。AS の子どもは、とても多くのさまざまな困難を抱えていることが多いので、いろいろな専門家と連絡を取り合わなければならなくなります。

いろいろな専門家とつき合うのは、家で AS の子どもとつき合うのと同じくらい厄介ですが、自分を専門家チームの一員と考えるようにしましょう。**あなたは自分の子どもの専門家で**、他の誰も知らない子どもの姿を知っているのですから。あなたが支援スタッフや専門家の人たちと良い関係を築き上げることができれば、子どもに最善の支援ができます。みんな

が一つのチームで、親はその主要なメンバーであることを忘れないようにしましょう。

ヒント 165　専門的な検査を受けましょう

　診断の過程で、学校からさまざまな検査を受けるように言われるかもしれません。自分の子どものことはよく分かっているとはいえ、違った角度から子どもを見せてくれるテストでどのような評価がなされるか見るのは興味深いことです。その結果、子どもの弱点だけでなく特に優れている部分が明らかになり、今後の適切な支援に役立つより明確な全体像がつかめれば理想的です。

　ASの子どもは発達検査で意外な結果が出るものです。スコア表は標準よりかなり数値が高い項目と低い項目とが入り交じって、"ギザギザ"になっていることでしょう。また、点数が低いからといって、その点数がその子の実力を示すものとは限りません。子どもの検査がたまたま"悪い日"に当たると、実力が発揮できなかったり検査者に協力しなかったりするからです。その場合の結果は、必ずしも子どもの本当の能力を表していないのです。

　より正確な全体像をつかむのに役立つとあなたが考えるのなら、セカンドオピニオンや専門家の私的な見解を求めてもよいでしょう。しかしその一方で、自分の子どもにストレスの多い辛い体験を何度もさせたくない気持ちもあることでしょう。

この検査は何回かに分けてするのですか？

　長々とした検査は、子どもには辛いものです。一つのテストをするのに二日以上かかってしまうものもあります。長い検査が子どもに負担になると思ったら、このように聞いてみましょう。

ヒント 166　いじめの問題に対処するには

　お子さんが実際にいじめを受けていると思われる場合でもいじめの危険があると思っている場合でも、対処するにはいくつかの段階があります。

1. 本人が、いじめが何なのか知って理解しているか、どうすればよいか分かっているかを確認しましょう。
   - いじめってなに？（**資料 13**）
   - いじめにあった時にやってよいこと・いけないこと（**資料 14**）

2. 子どもを危険から遠ざけるようにしましょう。可能なら、いじめの疑いのある人には近づけないようにします。例えば、通学路などの"いじめの起きやすい場所"を特定して、少なくともいじめの問題を調査して解決するまでの間は危険を回避する方法を考えましょう。

3. 子どもが、不当な扱いやいじめを受けたと訴えている時は、**静かに耳を傾け**、子どもの心配事を軽んじないようにしましょう。あなたに打ち明けたのは正しい選択だったこと、あなたは子どもの味方で子どもの言い分を信じていると言って援護してあげましょう。本人にとっては、あなたが気にかけてくれていて、周囲の大人がいじめの問題を深刻と受け止めていると分かることが大切なのです。

4. 事実に即した情報を、可能な限り集めるようにしましょう。事情が許せば他の人にも話しておく必要があるでしょう。事件が起きたのは自分にも原因があるというような、自分に都合の悪いことでも子どもが包み隠さず話した時は、正直に話したことをほめるのを忘れないようにしましょう。

5. 性急に結論を出さないようにしましょう。ASの子どもは、人と人とのかかわり合いを間違って解釈する傾向があり、見かけほど状況は単純ではないからです。そのケースは過剰反応なのか本当のいじめなのか、冷静に判断するようにしましょう。本物のいじめというより一種の過剰反応の問題と思えるようなら、子どもの自尊心が下がっている兆候と見て取れます。その場合、実際のいじめの心配がなくても、いつにも増してあなたは子どもの味方だと

感じられるように接する必要があります。
6. 子どもがいじめを受けているとあなたは疑っているのに本人が話したがらない場合は、何とかして調べたいと思うことでしょう。先生に尋ねる時には、何があったか知りたいだけだというニュアンスを伝えるために、形式張った言葉を使わないようにしましょう。または、子どもに次のように聞いてみてもいいでしょう。

- 今日、学校はどうだった？
- 今日、一番良かったこと／悪かったことはなに？
- 誰と遊んだの？
- 何をして遊んだの？
- それで楽しかった？
- 学校で一番好きなのは誰？
- 一番嫌なのは誰？
- それはどうして？
- 明日も学校に行きたいと思う？

7. その先の行動を起こす必要がある場合は、その日にあったことと子どもの言ったことを日記につけましょう。
8. 病院に連れて行くのが妥当と思われる場合は、その状況について医師の判断を仰ぐと共に、子どもの苦痛を公式な記録に残しましょう。
9. 学校に正式に訴える、あるいは権限のある人または組織に訴える。

ヒント 167　いじめの問題を学校に持ちかけるには

　いじめの問題が十分懸念されるのなら、学校（または権限のある人）に連絡を取ります。事態は急を要すると判断される場合はその旨を告げて、できるだけ早いうちに面談の約束を取り付けるようにしましょう。学校との面談に臨むには、次の点を押さえておくとよいでしょう。

- 話し合おうと思う項目をメモしておく
- 配偶者（父親）を同伴するか、応援者としてまたはその場で話されたことを覚えておくために友人を連れて行く

- ゆるぎない姿勢だが礼儀正しく。口論になってしまったら何の助けにもなりません
- 非難したり大袈裟に言わない。性急に結論を出さない
- 学校がどんなことに気づいていて、これからどのような対応をするつもりか聞く
- あなたから提案をする
- 関係する相手が一人だけの場合は、二人がどのような関わり方をしているかしばらく監視するようにお願いする
- 学校側がとろうとしている対応には理解を示す
- 経過を見守れるように、一定期間の後に面談する約束を取り付ける

ヒント168　学校からの"タイムアウト（一時避難）"

計画的休養

　どんな理由であれ子どもの不安が過剰になっていると感じたら、トニー・アトウッドが"心の休み時間"と名付けた休養を与えることを検討しましょう（1998）。つまり、少しの間学校を離れて自宅学習にするのです。この件では学校と交渉するように、自己学習の間の連絡をしっかり取るようにしましょう。

ホームスクーリング：永続的な"タイムアウト"

　子どもをホームスクーリングするのはたいへんな仕事で、軽々と引き受けられることではありません。ホームスクーリングが妥当かどうかは、個々のケースに依るところが大きいものです（**ヒント137～140　勉強に取り組める環境にするために** を参照）。たくさんの支援を受けられなければ、あなたが一人孤独に行うことになります。もしホームスクーリングを考えているのなら、それなりの機関にアドバイスと情報を求めるようにしましょう。

　極端に言えば、ホームスクーリングの最も重要で明らかな利点は不安が

減ることです。しかし現実には、考慮すべき重要な要素がいくつかあります。

- あなた自身と家族に負担がかかる
- 陸の孤島になり、子どもにつきまとわれる危険がある
- あなた自身の生活がさらに損なわれる
- 子どもがソーシャルスキルを練習する機会を見つけにくくなる
- 子どもにやる気を出させ、興味を持たせ、教えることが非常に困難になる
- (何のトレーニングも受けておらず、経験もなく、疲れきっている人の場合は特に) 一人で背負うには荷が重すぎる
- 親と先生の両方の役割を兼ねるのはたいへん
- 家にいると、テレビやゲームなどのたくさんの誘惑から子どもを遠ざけるのが非常にむずかしい

感覚敏感性の問題

よくあるトラブル

ASの子どもは、聴覚や触覚などの感覚に通常とは異なる敏感性がみられるものです。そのため、例えば次のことに耐えられないかもしれません。

- 特定の音
- 人混み
- 特定の衣服の肌ざわりやタグなど
- また、痛みや温度の感覚に異常がみられることもあります

その結果

- 不安レベルが高くなる
- 態度が悪くなる —— 子どもの困難が気づかれずに何の配慮もされていない場合は特に

子どもの視点に立ってみましょう

　ASの人には、感覚の過敏性や歪みがよくみられます。ASの人たちの書いた自伝を読むと、本人がどのように感じているか私たちがより良く理解するのに役立ちます。感覚敏感性は、ASに非常によくみられるものなのに気づかれにくいのです。

　ASの子どもが自分の感覚が人と違っているとなかなか言い出さない第一の理由は、本人にとってはそれが普通で何も異常だと思わないことです。当の本人には、自分の感覚が他の人と違っていると知る術がないのです。

　感覚敏感性は必ずしも誰が見てもそうと分かるものでない点を考えると、本人に代わってじっくり探ってみる必要がありそうです。感覚敏感性は、説明のつかない不適切なふるまいや不安の原因、または間接的な要因

になっていることがよくあります。

よくみられる感覚敏感性の例

聴覚

ASの子どもは、次の音に過敏なことがよくあります。
- 予期しない突然の物音、または大きな音
- 人混みの喧噪や雑踏の騒音
- 拍手の音
- 赤ちゃんの泣き声や掃除機の音といった特定の音

触覚

触覚の敏感性は、抱きしめられるのを嫌がったり、例えば学校で整列する時などに他の児童がちょっとでも触れるのを嫌がるといったことに表れます。また、服のタグが皮膚に当たるといったささいな不快感に耐えられないこともあります。

他の例では、また、同じ子どもでも一方では、強い圧迫感や"押しつぶされる感じ"を強く求めることがあります。その欲求のために、荒っぽい不適切なやり方で人に触れようとするかもしれません。馬乗りにされたりくすぐられることが大好きな子どももいれば、大嫌いな子どももいます。

温度の感覚

ASの子どもは、温度感覚があまり敏感でないことがあります。寒い日に暖かい服を着るように、また、温かくなったら上着を脱ぐように言ってもなかなか聞き入れてくれないことがあるのはそのためです。

痛みの感覚

ASの子どもは、痛みを感じる限界点がやたら高かったりとても低かったりします。限界点が高い場合は、病気や痛みに気づかないことになるので、発見しにくくなります。

食事に関するトラブル

ヒント 111〜124 を参照。

その他

ASの子どもは、遊具やジェットコースターに乗った時に体験できるくるくる回る感覚が、大好きな場合もあれば大嫌いな場合もあります。

感覚敏感性を理解しましょう

"普通の"人が感覚敏感性を理解する唯一の方法は、すべての人が感覚刺激をまったく同じように感じているのではないと気づくことです。もちろん、ほとんどの人の意見が一致しているものもたくさんあります。例えば、チョコレートの味は多くの人に好まれる味です。しかし、多くの人に共通して感じられるもの以外は、一人一人で異なっています。

誰かが爪で黒板をこすって音をたてた時のことを考えてみましょう。その音が大嫌いで、ほとんど苦痛に感じる人はたくさんいます。しばらく耳をふさいでいる人もいるようです。いつまでも音が止まなければ、音から逃げるために部屋を出たいと思うでしょう。でも、私を含めた他の人にとっては何でもない普通の音です。どうしてそんなに嫌なのか、私にはさっぱり分かりません。

それは、"普通の"人がASの人に対して思うことと少し似ています。同様に、あることがどうしてASの人たちをそんなに困惑させるのか、私たちにはまったく分かりません。それは本人にとっては事実なのだと受け容れるしかありません。

療育のヒント
感覚敏感性

　169. 不安を減らしましょう
　170. 許容しましょう
　171. 敏感性を下げるように努めましょう
　172. 感覚統合

ちょっとした遊び
　173. サンドイッチごっこ
　174. へなちょこタクシーごっこ
　175. 椅子ごっこ

ヒント 169　不安を減らしましょう

　ASの子どもの感覚許容のレベルと、不安のレベルには関連があるようです。あまり不安でない時には感覚的な困難をあまり感じないけれども、不安が強いとより困難を感じるようです。従って、感覚敏感性は、ある程度不安のバロメーターになっているとみなしてよいでしょう。過敏になっている時は特に、不安を減らすいつもの手段を講じるようにしましょう（**ヒント 24～34** を参照）。

ヒント 170　許容しましょう

　子どもが困難を感じると思われる感覚刺激がないか、常に警戒していましょう。あなたが本人にとってひどく不快と判断できるような場合には、その場を避けるように手を打ちましょう。

ヒント171　敏感性を下げるように努めましょう

たまに子どもの不安が大きくない時を見計らって、ゆるやかに感覚耐性を高める方法を探ってみましょう。目的は、困難を感じやすい感覚刺激への敏感性を少しずつ下げることです。例えば、私の息子のように掃除機の音が苦手な場合、本人の気分が楽しく落ち着いていて親子の信頼が十分にあれば、遠く離れた所からほんのわずかな間、掃除機の音を聞かせることができるでしょう。何とか我慢できたらほめ、大いに喜びましょう。ただし、無理強いは禁物です。**本人ができた！と思うことが大事なのです。**

その次は、音を聞かせる時間を少し長くするとか、より近い部屋にするなど、簡単にできそうなことに挑戦します。やがて、誇らしげにこう言うようになるかもしれません。「小さい頃は掃除機の音が気になったけど、もう平気だよ」。

ヒント172　感覚統合

感覚統合の専門家に見せて、どの感覚にどの程度の問題があるか評価と診断をしてもらいましょう。感覚統合の専門家は、さまざまな訓練や支援をしてくれるでしょう。子どもにマッサージを施してくれることもあります。あなたはお子さんに自分でしてあげるにはどうすればよいか尋ねたいと思うでしょうし、上手にやるコツを教えてくれるでしょう。また、感覚敏感性を改善する運動のアドバイスや指示をしてくれるかもしれません。

ちょっとした遊び

ASの子どもは、おしつぶしの感覚刺激を含んだ遊びをするとよいでしょう。楽しくて治療のためにもなる遊びの例をいくつか挙げてみます。もちろん、ご自分で工夫して無限に多くの遊びを作り出すこともできます。

ヒント 173　サンドイッチごっこ

　ふとんの上に子どもを寝かせて、重みのあるふとんやクッションやカバーをその上にたくさん重ねていきます。（当然ですが、子どもの顔を覆わないように！）"サンドイッチ"が完成したら、あなたがその上から重すぎないようにおさえつけてあげるとさらに喜ぶかもしれません。

ヒント 174　へなちょこタクシーごっこ

　大人が２人向かい合い、腕をクロスするように手を繋いで子どもの座る椅子にします。子どもをその椅子に乗せ、ドアにさしかかる度にわざと狭くて通れないふりをします。へなちょこタクシーは、ドアを通る時はしばらく、子どもを真ん中にはさんで圧縮したまま我慢しなければなりません（夜寝る時、子どもをふとんに連れて行くのに"へなちょこタクシー"を利用するとよいかもしれません）。

ヒント 175　椅子ごっこ

　子どもがソファーや座椅子に座っている上に、大人が"うっかり"座ってしまいます。やりすぎないように注意しながら、だんだんに体重をかけていきます（子どものキャーキャー言う声が、おしつぶしを喜んであげている声で、痛くて叫んでいるのでないことを確認しながらですよ！）。

特別な行事やお出かけ

> **よくあるトラブル**
>
> 特別な行事やお出かけなどの時、AS の子どもは次のような不適切なふるまいが多くなることがあります。
> - 協力しない、参加しようとしない
> - いつもより攻撃的になる、いつもより気むずかしくなる
> - 言うことを聞かない、または口答えする
> - 不適切な言動や人を困らせる言動をする
>
> **その結果**
> - 行事やお出かけは、本人だけでなくみんなにとってもみじめで心配なものになる

"特別な" 行事

　例えば、休日、来客、家族や友人の集まり、お出かけなどの何か"特別な"ことが起きる時は、子どもに楽しんでもらいたいものですし、良い子にしていて欲しいと思うし、そう期待します。

　しかし AS の子どもの親ならば、AS の子どもが不愉快になりやすくふるまいも最悪になるのはまさにそのような時だと、すぐに分かることでしょう。

それって、楽しいことなの？

　"普通の" 子どもは、特別な日が大好きです。休日、親戚や友人の家を訪問すること、映画やお芝居、パーティの計画など、考えただけで興奮し、期待に胸をふくらませてうきうきするものです。子どもはだいたい特別な

行事が大好きで、楽しみにします。

　しかしASの子どもにとって特別な日は困難な日で、特別な行事はたいへんな負担(ストレス)になります。ASの子どもは日々の出来事が予測の範囲内にあると安心することを考えれば、理解するのはさほど難しくないと思います。ASの子どもにしてみれば、"わくわくする"ことは"何が起きるか分からない"ことと一緒で、何が起きるか分からないとASの子どもはたいへん不安になるのです。

　他の子どもが楽しみに思うことの多くが、ASの子どもの中では不安と恐怖に置き換わります。ASの子どもが"特別な"行事があると思うと気が進まないように見えるのは、さほど驚くことではありません。行事そのものより馴染みのないことへの恐怖心の方が先に立ってしまい、私たちが望み、期待するようには"楽しめない"のです。このように気持ちが後ろ向きになっているので、恐れ・抵抗し・不適切なふるまいをするという悪循環に陥ってしまいがちです。

解決への取り組み

　実際に即した分かりやすい計画を立てて説明することが大事です。そのためには、前回には何がまずかったのか探り出してあなたが配慮してあげなければなりません。そして、何があるか正直に話し、実際に即した心の準備をさせる必要があります。そうすれば、自分が何をすればいいか本人にも分かるようになります。

療育のヒント
特別な行事やお出かけ

176. どんな内容なのか率直に言いましょう
177. "予備のプラン"を作っておきましょう
178. 早めに行きましょう
179. フィードバックし、ほめ、励ましましょう
180. サインや合図をしましょう

車で出かける時の工夫

181. 座席表を作りましょう
182. 地図を持って行きましょう
183. 日程表を用意しましょう
184. 休憩をスケジュールに入れておきましょう
185. テープを持って行きましょう
186. 本を持って行きましょう
187. "しゃべったらアウト"ゲーム
188. 「○○調べ」をしましょう
189. "20の質問"ゲーム
190. パズルの本を持って行きましょう

ヒント176　どんな内容なのか率直に言いましょう

　子どもの困難と不安を受けとめて理解していることを子どもに話し、直面しそうな問題を軽視しないようにします。お子さんが辛いと思うようなことがあるのに、あなたが「さほど悪いことにはならないわよ」と言ったりすると、次回からはあなたの言うことを信用しなくなってしまいます。

反対にうそいつわりなく言えば、お子さんはあなたが自分のことを理解し尊重してくれていると思うでしょうし、この次にあなたの言うことも信用するでしょう。例えば、このように言ってみましょう。「夜にはお楽しみがあるのだけれど、あなたには少し辛いかもしれないわ。私たちが着く頃には 15 人くらい人がいて、ぺちゃぺちゃしゃべったり物音を立てたりしていると思うの。あなたはそういうのが嫌いだってお母さんは分かっているから、何とかうまく乗り切って欲しいの。その後で、あなたの大好きなチョコレートケーキとコーラをいただけるわよ」。

ヒント 177　"予備のプラン"を作っておきましょう

お子さんが負担を感じたらいくらかは変更がきくことが分かるように、"予備のプラン"を作っておきましょう。うまく乗り切れるように行動の選択肢があるとだけ教えておくこともよくします。"予備のプラン"は、次のように前もって打ち合わせておきます。「お客さんがみえたら、ここに来て挨拶をしなければいけないの。しばらくの間、ここにいるようにがんばって欲しいけれど、落ち着かず不安になってきたら部屋に戻ってテレビを見てもいいわよ」。

ヒント 178　早めに行きましょう

何か特定の行事の時にトラブルが起きるようなら、みんなが来る前に子どもが"下見する"時間を持てるように、早く行って一番乗りしましょう。反対に着くのが遅いと、慣れない環境と目新しい人たちの組み合わせの両方を同時に対応しなければならなくなるので、緊張が高くなってしまいます。

ヒント 179　フィードバックし、ほめ、励ましましょう

　子どもの人前でのふるまいがうまくいっているかどうか分かるようにあなたが何らかの形でフィードバックしてあげると、子どもはたいへん助かるでしょう。

ヒント 180　サインや合図をしましょう

　人がたくさんいる公の場では、子どもが不安で落ち着かなかったりあなたに気づいて欲しいと思ったりしても、あなたにはなかなか分からないでしょう。また、子どもが不適切な行動をしそうになった時に、子どもにばつの悪い思いをさせずに注意するのも難しいものです。そのような時に使うサインを考えておきましょう（ヒント 71 を参照）。必要な時にあなたが気がねなく使えるように、その行事の主催者や他のお客さんたちに予めサインのことを知らせておくと失礼にならないでよいでしょう。

車で出かける時の工夫

　人の気をやたらと引こうとしたり、座席にじっと座っていなかったり、とるに足らないささいなことで口論になるような子どもと車で出かけるのは、たいへんなストレスです。その中に AS の子どもが一人いたら、それはもっとたいへんになります。頼りになる方策をいくつか用意しておいた方がよさそうです。

ヒント 181　座席表を作りましょう

　子どもが興奮したり心配になっている時には、つまらないことを見つけて文句を言うのには驚かされます。例えば、誰がどこに座るというささいなことでいつも口論になって困ると分かっているのなら、AS の子どもに口論のきっかけを与えないように気をつけましょう。AS の子どもが騒ぎ

を起こすと親はいつも言いなりになるような印象を与えると、他の子ども
に不公平です。それでは良い子にしているのは損だと思うようになってし
まうでしょう。もちろん、それは親の真意ではありませんし、子どもの方
は怒りが収まりません。

　しかし、そのようなちょっとしたことが子どもにはとても大事なのです。
車に乗ったらどこにすわるか、出かける前に全員で決めておきましょう。
座席表を作って、必要なら掲示板に貼っておくとよいでしょう。そうすれ
ば、誰にも公正だと分かります。

ヒント 182　地図を持って行きましょう

　地図を持って行くと、車の旅はちょっと楽しくなります。なければ簡単
な地図を手描きしてもよいですし、インターネットの地図を印刷すること
もできます。カーナビがついている車ならば、それを活用しましょう。AS
の子どもも他の子どもも、地図をたどりながら目印の建物や道路案内を見
つけられるでしょう。

ヒント 183　日程表を用意しましょう

　これから何があるか子どもに分かるように、おおよその時刻を入れた簡
単な日程表を用意しましょう。例えば、次のように。

　　　しゅっぱつ・・・・・・・・・・・ごぜん 10:30 ごろ
　　　ビルのいえにいく・・・・・・・だいたい 30 ぷんくらいかかる
　　　ビルをくるまにのせる・・・・・ごぜん 11:00 ごろ
　　　マクドナルドへいく・・・・・・12:00 ごろ
　　　おひるをたべる・・・・・・・・12:00〜12:30
　　　おばあちゃんのいえにいく・・・ごご 1:30 ごろ

ヒント 184　休憩をスケジュールに入れておきましょう

　長旅になるようなら、日程表の中に何らかの時間や場所で休憩を入れてちょっとした区切りを設けるようにしましょう。サービスエリアや道の駅を利用して、"手足や背筋を伸ばし" たり軽食やお弁当を食べたり、野外で遊んだりするようにしましょう。

ヒント 185　テープや CD を持って行きましょう

　音楽やお話のテープや CD を持って行き、それを聞いたり歌を歌ったりしましょう。

ヒント 186　本を持って行きましょう

　車の中で本を読むと気分が悪くなる人がいますが、お子さんが車に酔わないようなら暇つぶしに読むお気に入りの本を持って行くようにしましょう。

ヒント 187　"しゃべったらアウト" ゲーム

　あなたが車を運転するのに、子どもたちには静かでおとなしくしていて欲しいと思うなら、"しゃべったらアウト" ゲームをしましょう。このゲームは、最初にしゃべった人がアウトになります。

ヒント 188　「○○調べ」をしましょう

　ノートを持って行き、前もって何を調べるか決めておいて「○○調べ」をしましょう。

- 大好きな乗り物
- 特定の色の車（またはワゴン車、トラックなど）
- 特定メーカーの車
- 特別なナンバープレート

車がきちんと整備されているか、きれいになっているか採点するのも楽しいですよ！

ヒント 189　"20の質問"ゲーム

"20の質問"ゲームをしましょう。

あなたは、どういう風に"20の質問"をやっていますか？ 一人が何かの物を思い浮かべて、他の人はそれが何か探り当てるのが基本のパターンです。最初に、「それは車の前にあるものです」というように、ヒントを一つだけ出します。他の人は、20まで質問できます。例えば、「それは、建物の中にあるもの？」「私の持っている物？」「おもちゃ？」「大きいもの？」というように。その質問には、「はい」か「いいえ」でしか答えてもらえないのです。

ヒント 190　パズルの本を持って行きましょう

点結びやクロスワードパズル、言葉遊びなど、子どもの興味を引き子どもがやりたいと思う本を持って行きましょう。

話すこと・会話すること

> ### よくあるトラブル
> この領域で AS の子どもにみられる主な困難は次のものです。
> - 会話のスキル
> - 話すこと
> - 非言語的なコミュニケーション
>
> ### その結果
> - 誤解を生む
> - 周囲の人にフラストレーションがたまる
> - 他の人からは、態度が悪い、子どもっぽい、横柄だとみられる

話すこと

　まったく普通の声で話す AS の子どももいますが、不自然だったりおかしな話し方をすることがよくあります。例えば、抑揚がなく一本調子、アクセントがおかしい、話すスピードが異常に遅いか極端に速い、など。

会話のスキル

　AS の子どもと、肩の凝らないごく普通の会話をするのは無理だと思うことがあります。でも、どうしてなのかさっぱり分かりません。普段は何気なくやっている"会話のキャッチボール"が、どうもうまくできないのです。

　AS の人たちに共感性がないのは、自分が興味をもっているものに他の人たちは関心がないことに気づかないからだと言われています。例えば、こんな具合です。

- ASの子どもは、頑固で融通がきかない。特定の話題にこだわり、話のテーマを変えない。他の人たちがうんざりしている（怖がっている）素振りを見せていても気づかない
- 際限なくしゃべり続けるので、"スイッチが切れない"のではないかと思うことがある
- 返事をしないで、しばらく気まずい空気が流れるが、なぜそうなるのか私たちには分からないことがある

また、会話を（恐らく、安心し落ち着くために）自分中心に仕切ろうとします。そのために、

- 知識や情報が豊富なことを高飛車なやり方で見せびらかして、押しつけがましい態度をとろうとする
- 独断的で支配的に見える
- 大人びた話し方をするので、同年代の子どもより大人と話す方がスムースに会話できる

解決への取り組み

他の子どもなら直感的に分かることですが、ASの子どもは、そもそも会話とは何かというところからはっきりと教わる必要があります。

- 会話には暗黙の了解事項があること
- 人の言うことは必ずしもそのままの意味ではないこと

> **療育のヒント**
> # 話すこと・会話すること
>
> 191. 会話は明確に
> 192. 考える時間を与えましょう
> 193. "お助けフレーズ" を教えましょう
> 194. けじめをつけましょう
>
> **役に立つゲームと遊び**
> 195. お手玉を使ったゲームをしましょう
> 196. 早口言葉でやってみましょう
> 197. 大きな声で本を読みましょう
> 198. 留守番電話にメッセージを録音しましょう
> 199. レコーダー（ICやテープ）を使いましょう
> 200. "はっきり話す" ゲーム

ヒント 191　会話は明確に

　ASの子どもがそのまま真似て使えるように、子どもの模範になるような明確、明瞭、丁寧で心地よい話し方をするように心がけましょう（**ヒント 53** を参照）。

ヒント 192　考える時間を与えましょう

　会話の途中で沈黙や空白があると不快になるものです。ASの子どもに質問をすると、よくこの空白が生じます。"普通の人" なら、何とかしてこ

の空白を埋めようと次のようにするところです。

- 相手の質問を異なった言い方で繰り返す
- 当てずっぽうな答えを言って、相手に確認を求める
- 自分の聞いたことが相手の言ったことと一致しているか確かめる
- 返事を急ぐ

　ASの子どもとの会話で空白が生じた時は、きっとどのように答えたらよいか分からなくて考える時間を必要としているのでしょう。これは、誰もその必要を感じていないのに本人が正確に答えなければならないと思っている時にも起きます。例えば、学期休みの日にASの子どもに会って気安くこう言ったとします。「やあ、マイケル。いつから休みに入ったの？」。ASの子どもは石のように硬く口を閉ざしています。どうしてでしょう？どうやら本人は、学校がいつ終わったか厳密に思い出して正確に答えようとしているようです。本人は、これは"雑談"で、そんなに正確に答えなくてよいことが分かっていないのです。たいていの子どもは、気軽に「2〜3日前」とか「先週だったと思う」などと大雑把な答えをするものです。しかし、ASの子どもが相手の時は空白を埋めようとせずに、答えを考え出す時間を少し与えるようにしましょう。

ヒント 193　"お助けフレーズ"を教えましょう

　会話が途切れると他の人は不快になることを子どもに説明しましょう。それは理屈ではなく事実なのです。ASの子どもがどう言ってよいか分からないようならば、その場を乗り切る手段として次のような"お助けフレーズ"を教えましょう。

- ちょっと考えさせて下さい
- よく分かりません
- 考えてみます

- そうですねぇ
- 知りません／分かりません

「1週間ぐらい前です」といった、おおよその答えでも大丈夫な場合があることを教えてもいいでしょう。

ヒント 194　けじめをつけましょう

子どもがあなたの"目の前で"強い興味をもっている特定の話題をひっきりなしにしゃべっていて、あなたが退屈したり聞き飽きた時は、それとなく言うのではなくきっぱりとした態度をとりましょう。本人には通じそうにないことをほのめかすより、穏やかにこう言うのです。「あとで5分間だけ話を聞いてあげるわ。新聞を読まなければならないから／行かなければならないから、今はこれ以上聞いてあげられないの」。

役に立つゲームと遊び

ヒント 195　お手玉を使ったゲームをしましょう

お手玉はキャッチしやすいですし、触ると気持ちいいので楽しく遊べます。お手玉を使うとお話ゲームが楽しくなります。お手玉を一つだけ使って、お手玉を受け取った人が決められたテーマについて"面白おかしく語る"ゲームをしましょう。

ヒント 196　早口言葉でやってみましょう

お手玉を受け取った人が早口言葉やしりとりをします。タイマーを使うとよいでしょう。

ヒント 197　大きな声で本を読みましょう

はっきり話す練習をするには、大好きな本などをかわるがわる大きな声で読んでみましょう。子どもの話し方にどんな問題があるかを確認できます。同時に、はっきりとした話し方の模範を示すこともできます。

ヒント 198　留守番電話にメッセージを録音しましょう

留守番電話に入れるメッセージを考えさせましょう。もちろん、どんなことを言ったらよいのかあなたが助けてあげなければならないでしょうし、録音前に何度か練習させます（きょうだいがいる場合は、一人ずつ順番にすれば公平になります）。

ヒント 199　レコーダー（ICやテープ）を使いましょう

お互いの声を録音し合ったり、話し方に問題のある部分を補うゲームを作るとたのしくできます。例えば、子どもが早口すぎるのなら、「どっちが聞きやすいかな？」ゲームをします。話の速さが変わると自分の声がどのように変わるか聞かせてみて、話し方が良くなったらほめましょう。

ヒント 200　"はっきり話す"ゲーム

子どもの話すテンポが遅い、発音が不明瞭、または変わった話し方をする場合は、"はっきり話す"ゲームをしましょう（**資料 10** を参照）。

4 親御さんたちへ

すてきな贈り物
ASの子育てから学んだこと
アスペルガー星

すてきな贈り物

　ASの子どもを授かるなんて、私には思いもよらないことでした。ASの子育ては今までで最もたいへんな経験で、私の人生をすっかり変えてしまいました。何度も疲れ果て、欲求不満になり、落胆し、諦めようと思いました。しかし、子どもは何よりもかけがえのないものです。きっとあなたも同じだと思います。私の生涯を閉じようとする最期の時に過去に遡れるとしたら、最初に戻ってまったく同じ人生を歩みたいと思うことでしょう。私は何の迷いもなく私の息子を選びます。

　誰もが、できれば自分がそうなりたいと思ったことで成功してこの世に名を残したいと願うものではないでしょうか。誰にも認められ賞賛される

ことに労力を注ぐ方がずっと簡単です。それでもやはり、人を本当に幸せでのびのび生きられるように手助けすることよりもやりがいと充実感のある仕事が他にあるでしょうか？

　特別な子どもを育てるチャンスに恵まれるのはすてきな贈り物ですし、その人だけの特典です。ASの子どものすべての親は、人に大きな変化をもたらすと同時にそこからたくさんのことを学ぶまたとない貴重な仕事に携われるのです。これは間違いでもなければ偶然でもありません。特別な子どもは、選ばれた特別な人の元にやってくるのです。そうでなかったら、特別な課題を与えられたことで自分の特別な能力が引き出されたのでしょうか？

ASの子育てから学んだこと

　ごく幼い子どもと同じように、ASの人たちは私たちがやっているような社会的なかけひきに加わろうとしません。社会的なかけひきの多くは、自分のほとんどの部分を隠すことで成り立っています。だから、ASの人たちと接すると何か落ち着かないと感じてしまうものは無理もありません。正直を貫くと挑戦的に感じますが、自分が快適に感じる考え方や関わり方がどんなものだったか見つめ直すチャンスにもなります。私たちは自分が居心地よく感じる範囲から引きずり出されるとたくさんのことを学べるのです！

　私は、私一人では知り得なかった多くのことを学びました。私は、人生を違う側面から学び直すことができたのです。私は、人に何か言ったり行動したりするときにより慎重になることを学び、常に何か新しい試みをし続ける姿勢が身につきました。私は、とても忍耐強くなりました。それは悪いことなはずはありません。私は、私を奮い立たせ、人生で大事なことは何なのか教えてくれる素晴らしい人たちに出会えました。

　アスペルガー症候群について学べば学ぶほど、私はその魅力にとりつかれました。今では、ASの人は、他のすべての人もある程度は持っている

性質が極端になった人たちだと考えるようになりました。つまり、ASを理解することは、お互いや自分自身のことをもっと深く知ることになるのです。私は、自分もたくさんのAS的な部分を持っていることを誇りに思います。私は、自分自身のそういう部分を知り、進んで受け入れるようになったお蔭で、以前よりも自分自身を愛することができるようになりました。

アスペルガー星

ASの人はよく、「自分たちは誤って違う星に来てしまった宇宙人のように浮いている感じがして、どうもしっくりしない」と言います。あなたは、ASの人たちがしっくりする場所がどんなところか考えたことがありますか？

宇宙のどこかに、ASの方が普通で、ASの人たちが心底から自分たちの居場所と感じて落ち着ける星があると想像してみて下さい。あなたが考えるのはどんな星ですか？ 地球よりもずっと親切で安全で真っ正直な人たちの星だと思うと楽しくなってしまいます。その星に人類学者を送り込んだら、どんなレポートが返ってくるでしょう？ きっと、このようなものではないでしょうか。

アスペルガー星からのレポート

アスペルガー星人はまったく異なった進化を遂げており、人間の残酷さと欺瞞がもたらす私たちの世界の元凶がまったくみられない。人々は個性、パーソナルスペース、プライバシー、束縛されないことを非常に尊重している。社会集団を組織したりリーダーに従うといった集団行動は事実上存在しない。その影響は広範囲に及び、そのため戦争のようなものはまったく存在しない。

住人は、公明正大であることに神経をとがらせる傾向がある。この星の法律は明確な道徳を規準にして作られており、明確

な規則が事細かに決められている。高度に進化したコンピュータテクノロジーによって、コミュニケーションはとても容易になっている。人々が目的を持って集まるのは、共通の趣味といった特定の理由がある時に限られる。そのような場では、世間話は無用である。

この星への訪問者は、この星の人たち独特のそっけなさと単刀直入なふるまいに違和感を感じるが、慣れればさわやかなものである。そのため、この星には隠し事もなければ虚栄もない。人の地位によって扱いが違うこともない。お世辞や皮肉抜きに歯に衣着せず率直に話し、人は皆ありのままに生きている。

感情も素直に表現するので、何のわだかまりもない。従って、うらみ、敵意、憤慨、偽善、心理的な"かけひき"が存在する余地がない。

この星のユーモアは二つに分類されるが、そのどちらも非道徳的なものや残忍なものではない。一つはお決まりのどたばた劇のような単純明快なもので、もう一つは巧妙な言葉遊びに基づく哲学的なものである。

それぞれの家や街角には、この星の人たちによくみられる並はずれた感覚に対処するために緊張をほぐすカプセルが置かれている。このカプセルは、刺激的な感覚環境を使う人に完全に合わせて（自分に合う光・色・締めつけ感・音のレベルなどを選んで）コントロールできるようになっている。

しかし、アスペルガー星の最も目立った特徴は、子どもらしさとその価値が非常に尊重されていることである。この星の住人は、（不思議に思う感覚、何にも制約されない素直さ、妥協なく明晰に道徳的な事柄を見る）子ども時代の素晴らしい特質を失うことなく大人になる。

巻末資料

1. 応用行動分析（ABA）
2. ABAの療育プラン
3. ごほうびコイン
4. 我が家の決まり
5. 感情ノート
6. 怒った時にやってよいこと・いけないこと
7. 感情が表れる言葉
8. にこにこマーク☺ としょんぼりマーク☹
9. スモールステップに分ける
10. はっきり話すゲーム
11. そのつもりはなくても人を傷つけてしまうこと
12. 悪意のあるからかいと悪気のない冗談
13. いじめってなに？
14. いじめにあった時にやってよいこと・いけないこと

訳注

役に立つサイト

本書を読んで

参考文献

資料1
応用行動分析（ABA）

PEATのこと

　息子がASの診断を受けた直後に、私は全く偶然に応用行動分析（ABA）に出会いました。アルスター大学で自閉症児の行動管理を学ぶために集まった保護者グループの記事が地元の新聞に載っていたのを、たまたま見かけたのです。その頃の私は、息子の行動管理に大きな問題を抱えていた時期だったので、学べるものは何でも学ぼうという素直な気持ちになっていました。

　グループを指導していたのは、心理学部のミッキー・キーナン博士とケン・カー博士でした。両先生は、ABAの考え方を保護者に教えて自閉症児の支援に役立てようと熱心に取り組んでいたのです。お二人は、PEAT（保護者を自閉症の療育者として育てる会）として知られているグループを立ち上げ、ご自分の時間を割いて無報酬で指導して下さいました。それから数年間、私はPEATグループに参加し、ABAについてできる限りのことを学びました。

　グループの他のメンバーは典型的な自閉症のお子さんの親御さんで、言葉を話すといった基本的なスキルを教えるのにABAを使っていました。ASの子どもの課題は典型的な自閉症の子どもとかなり違っているので、正直なところ少し違和感がありました。しかし私は、ABAの基本的な考え方に興味を惹かれ、ASの子どもにもうまく適用できると信じていたのでとどまることにしたのです。

　ABAを学んだお蔭で、自分以外の誰も自分自身の行動を変えられないけれど、私たちの対応次第で子どもの行動をトレーニングできることに気づかせてくれました。人の考えの変わり方って、何ておもしろいのでしょう！　かつては私も、自分が子育てで"行動トレーニング"をするなんて想像さえしていませんでした。しかし実際は、気づいているいないにかかわらず誰しもがいつもやっていることなのです。

　実践するのはたいへんですが、私の経験ではABAはとてもうまくいく効果的な手法です。私の息子をやる気にさせてくれましたし、さまざまな面で助けになりました。息子の場合は特に、ごほうびコイン（資料3を参照）の考え方にはまりました。最も良かった点は、子どもと一緒に取り組む仕組みができて、私たちに共通の仲間意識をもたせてくれたことでした。

ABAの実践

本書ではABAの細部に言及する紙面の余裕がありませんので、ABAの原理と手法がどのようなものか分かるように要点をかいつまみます。

療育プランを立てるために考えておくこと (資料2を参照)

- 改善に取り組む行動を絞る
- 最終目標は？
- 問題となる行動の背景は？
- 介入する正当な理由は？
- ステップ１：A–B–C に分ける。

　　　A–B–C とは、　A [前件：その行動の引き金になること]
　　　　　　　　　　　　　　Antecedent
　　　　　　　　　　ー B [問題となる行動]
　　　　　　　　　　　　　　Behaviour
　　　　　　　　　　ー C「結果」　　　　　　　のことです。
　　　　　　　　　　　　　Consequence

　改善に取り組む行動そのものと、その行動が起きる前にどんなことがあってその結果どうなるかを、時間をかけてよく観察します。

- ステップ２：A–B–C を分析する。
- ステップ３：私たちは何をすべきで、何をしてはいけないかリストにする。
- ステップ４：目標を具体的に設定する。

　　編集注：ABA については、小社刊『自閉症への ABA 入門――親と教師のためのガイド』とその新訂版『自閉症スペクトラムへの ABA 入門――親と教師のためのガイド』に詳しくまとめられています。

資料2
ABAの療育プラン

ここでは例だけですが、順を追ってABAの原理が介入プランにどのように用いられているか分かりやすく説明します。これは、私の息子にとても効果のあった資料10の「はっきり話すゲーム」の元になるプランで、実際に行ったものです。

日付 ＿＿＿＿＿＿＿＿＿＿

改善に取り組む行動　何を言っているかはっきりしない独特な話し方
目標　　　　　　　　　はっきり明瞭に話す
問題の背景

ケネスはとてもよくおしゃべりできるけれど、ときどき発音がはっきりしない、抑揚がまったくない、早口でぼそぼそ言う、家族でさえ何を言っているか分らないくらいに言葉を一つに繋げてしまう、といった独特な話し方をする。それで、よく人から「もう一度言って」と言われるが、それに対して拒否したりもぞもぞ言ったり大声で怒鳴ったりして、相手がきちんと聞いていないと非難することが多い。

介入の理由

ケネスのコミュニケーションスキルと対人スキルは、はっきりと話すことで改善すると思われる。それによってみんなのフラストレーションが減り、誤解されることも少なくなる。できれば自信をつけて、自尊心が高まることを期待する。

ステップ1：　A-B-Cに分ける

A［前件：その行動の引き金になること］— B［問題となる行動］— C「結　果」に分ける（**資料1**を参照）

ステップ2：　A-B-Cを分析する
結果の分析
私たちがすると悪影響を与えること
- 何を言っているか分からないとケネスに文句を言う
- いらいらした口調や声で、ケネスを非難する

- ケネスにもう一度言うように求める

私たちがすると良い影響を与えること
- 手本となるように、オーバーにはっきりと分かりやすく話す
- はっきり話せた時は、大袈裟にほめる

ステップ3： 何をすべきで、何をしてはいけないか　リストにする

前件と結果をコントロールするにはどのようにすればよいか考える

するとよいこと
- 介入プログラムの企画に、できる範囲で本人を参加させる
- 望ましい行動のモデルをなるべく示すようにする
- 楽しく進める → ゲームにする
- 達成感を味わいながら楽しくやっていくためにはどうすればよいか、具体的な目標は何かを分かりやすく示す
- 進歩がみられたらほめ、励ます
- このプログラムのために努力したり、良くなった時のごほう選びに本人を参加させる

してはいけないこと

このプログラムでしないように気をつけること
- 注意が向かなくなること
- 好ましくない行動が増えること
- ごほうびがめあてとなってしまうこと
- テレビの時間を減らすなどの罰を与えること

ステップ4： 具体的な目標を設定する

覚え書き：好ましい成果があがるように口頭でほめ、環境を整え、評価する

目標
- 公の場を含めたすべての状況で「はっきり話すゲーム（資料10を参照）」にしたがって話す。
- 好ましい成果の最終的な基準は、誰にも「もう一度言って」と言われずに丸一日話すこと。

資料3
ごほうびコイン

原理

子どもは、良い行いをすると"もらえる"けれど悪い行いをすると"なくなってしまう"楽しい代用コインがあると行動を改める気になるものです。子どもはコインを貯めたり、ごほうびストアで定期的にごほうびを"買ったり"します。

子どもをやる気にさせるには

ごほうびコインは外側から動機づけをするものですが、AS の子どもを内側から動機づけるためにも必要です。ごほうびコインはそのための踏み台として利用します。私たちが望ましい行動を後押しするようにしなかったら、子どもは良い行いをすることそのものに満足感を味わう機会を得られないからです。

　子どもが良い行いをした時にはより具体的な証拠を与えて子どもを大いにほめ、努力を奨励することが大切です。そうすると子どもは、良い行いをするとほめられ、ごほうびがもらえることが分かり、そのどちらもが価値あることだと分かるようになります。子どもが精神的に成長・発達するにつれて自己内の動機も高まり、ごほうびコインを卒業できるようになります。

ごほうびコインの始め方

まず、ごほうびにあげる物と、ごほうびストアを用意します。ごほうびコインは、カウンターで数えます。"おもちゃのお金"があるともっとよいでしょう。

ごほうびストアについて

1. ごほうびにあげる物は、本人が欲しくて努力する気にさせるものにします。

2. 前もって買っておき、家の中の普段は子どもが入れない特別な場所に貯めておきます。例えば、ベッドの下の箱、食器棚の上など。

3. 当たり前ですが、ごほうびストアに必要以上のお金を使わないようにしましょう。バーゲンを利用して、予算内に収めましょう。

4. 特別な理由もなく子どもに玩具やお楽しみをあげようと思ったら、ときには、そのままあげてしまわずにごほうびストアに入れることを検討しましょう。

5. ごほうびストアを準備する時は子どもと一緒にしましょう。例えば次のように。

    - (カタログを見て探す楽しみを持たせるなど) 新しいごほうびさがしに子どもの意見をとり入れる。
    - 新しいごほうびを買った時に子どもに見せる (でも開けさせてはいけません!)。
    - "値段"つけを手伝わせる。

6. ごほうびコインのごほうびを特別なものにするためには、**ごほうびコインとしか交換できない**ことにする必要があります。他の手段では獲得できず、値引きもしません。

7. もちろん、好きな場所に出かけたり食事に行くなど、物ではないごほうびもあります。

触ってごほうび選び・何が取れるかな?

ときには、ごほうびを手で触って選ぶ特別サービス「触ってごほうび選び・何が取れるかな?」をしましょう。目をつぶり、手で触って選んだごほうびがもらえる特別サービスです。

ごほうびコイン値段表

ここに示すのは、実際のごほうびコインの値段表です。ご参考までに！

本	怖い話シリーズ	1,000 コイン
	文庫本	150 コイン
お菓子	金貨チョコ	5 コイン
	サッカーボールチョコ	5 コイン
	チョコパイ	20 コイン
	ミントガム	5 コイン
	フィギュアチョコ	10 コイン
玩具など	マジックセット	325 コイン
	コンパス	155 コイン
	ピアノ付ソングブック	350 コイン
	万華鏡	160 コイン
	侵入検知アラームキット	1,000 コイン
	見えない迷路	200 コイン
	タレントグッズ	200 コイン
	ファンブック	450 コイン
	頭の体操パズル	150 コイン
	同（12巻セット）	1200 コイン
	金属探知器	1300 コイン
	紙粘土	600 コイン
	放射能測定器	800 コイン
	いたずらグッズ	325 コイン
	ブリキの蛇の玩具	400 コイン
	ポリドロン（図形の遊具）	800 コイン
	スペースボール	220 コイン
	人生ゲーム	800 コイン
お出かけ・その他	動物園	250 コイン
	博物館	250 コイン
	ビデオレンタル	250 コイン
	サファリパーク	250 コイン
	映画	250 コイン
	探検	250 コイン
	ぐうたらデー	250 コイン

資料4
我が家の決まり（例）

日付＿＿＿＿＿＿＿＿＿＿＿＿＿＿＿

我が家の決まり
- テレビを観る時とゲームをする時には許可がいる。
- 宿題の時間は最低20分。5時前には終わらせる。
- お風呂は毎晩7時から7時半の間に入る。
- お姉さんを（だけでなく誰であっても）たたいてはいけない。

めあて
- 自分がして欲しいと思うように人にもする。
- 自分の物も人の物も大切にして、壊さないように気をつける。

やっていいこと
- テレビとゲームの時間は、1日1時間
- 小遣いは、1週間2ポンド（約400円）

ボーナスの決まり
ボーナスは何もしなくてももらえるものではない。ボーナスをもらうにはポイントを（例えば、たくさん努力をしたりニコニコマーク😊がもらえる行動をたくさんして）稼がなければならない。ボーナスは、前もって話し合って決める。

ボーナスの例
- 小遣いを増やす
- 寝室にポテトチップス（プリングルズなど）とコーラの持ち込みを許可する
- テレビやゲームの時間を長くする
- お菓子、ケーキ、お出かけ、マンガの本、玩具、ゲーム、本など

罰について

- 基準に違反する行いをした場合には、罰が与えられる。親は、その基準を明らかにするように努める。
- 罰を与える前には警告する。**ただし、行いが重大・危険な場合、またはわざと挑戦的な態度をとった場合は、この限りではない。**
- 罰は、ごほうびコインの罰金、ボーナスの取り消しまたは削減。より深刻な行動の場合は、許可の取り消し（例：ゲームができなくなる）など。

資料5
感情ノート（例）

感情について
　人は誰にも感情や気持ちがある。感情にはたくさんの種類がある。
　主なものは次の4つ
- 楽しい・うれしい
- 悲しい
- 怒る
- 怖い

何をうれしいと感じ、悲しみ、怒り、怖いと思うかは、人はそれぞれ違う。

私のこと
　　好きな色　　　　　　● 青
　　嫌いな色　　　　　　● ピンク
　　好きなテレビ番組　　● シンプソンファミリー

私が好きなもの
- チョコレート
- ポテトチップス（プリングルズなど）
- イーニッド・ブライトンの子ども向け読み物シリーズ

他にも、楽しくなる絵や写真がいくつかある。

私が悲しいこと
- 人にいじめられること
- 狩猟

他にも、悲しくなる絵や写真がいくつかある。

私が怒ること
- 誰かに叩かれること
- 誰かにおもちゃを壊されること

他にも、怒りたくなる絵や写真がいくつかある。

私が怖いこと
- 大嵐
- 怖い映画

他にも、怖くなる絵や写真がいくつかある。

他の人の気持ち
人はそれぞれ、違う気持ちを持っている。おばあちゃんを例に

おばあちゃんのこと
好きな色	● 赤
嫌いな色	● 紫
好きなテレビ番組	● 最近は観たいテレビがあまりない

おばあちゃんが好きなこと
- 編み物
- 昔からの友人に会うこと
- 孫がハグしてくれること
- ボクがやさしくしてあげること

おばあちゃんが悲しむこと
- 家族が傷つくこと
- 死んでしまった人のことを思い出すこと

おばあちゃんが怒ること
- 誰かに編み物をほどかれること

おばあちゃんが怖いもの
- 怖い映画
- 海

私にできることで、おばあちゃんがうれしくなること
- ハグする
- やさしくする

資料6
怒った時にやってよいこと・いけないこと（例）

怒りの感情について

誰だって時には怒ることがある。怒ることはぜんぜん問題ないけれど、怒った時にしてはいけない行動がある。怒った時どうするかは、自分で選ぶことができる。「怒った時にしていいこと」のリストからは選んでいいけれど、「怒った時にしてはいけないこと」のリストからは選べない。

怒った時にやってよいこと

- サンドバッグやパンチングボールをなぐる
- 紙にクレヨンで絵や字を書きつける
- まくらをこぶしで打つ
- 思ったことを大人に言う
- 冗談を言う
- 庭を走る

怒った時にやってはいけないこと

- 人を叩く
- 自分の気持ちを腹の中にためてしまう
- 物を投げる
- ふくれる
- 人に向って怒鳴ったり叫んだりする
- 誰かをいじめる
- 物を傷つけたり壊したりする

資料7
感情が表れる言葉

楽しい気持ちの言葉

気持ちいい
落ち着く
うれしい
よろこぶ
夢中になる
得意になる
興奮する
わくわくする
満足する
幸せ
愉快
素晴らしい
うきうきする
気に入る
前向き
自慢する
安心する
ほっとする
安全
うまくいく
感謝する

悲しい気持ちの言葉

気に入らない
落ち込む
つまんない
悲しむ
仲間はずれ
ひとりぼっち
裏切る
がっかりする
腹が立つ
苦しむ
不安になる
不満を持つ
失敗する
劣る
ねたむ
うらやむ
寂しい
なくす
元気がない
かわいそう
受けつけない
泣く
役に立たない

怒る気持ちの言葉

気性が荒い
乱暴
かっとなる
邪魔する
逆らう
疑う
怒る
反対する
強引
ヒステリー
当惑する
ばかげている
無茶
コントロールできない
被害を受ける
激しい
怪しい

怖い気持ちの言葉

怖がる
恐れる
動揺する
あおる
心配する
警戒する
気がかり
不安
脅える
罪を犯す
神経質
緊張する
パニくる
びっくりする
震える
恥ずかしい
しりごみする
びくびくする
困る
わずらう

資料8 にこにこマーク☺ と しょんぼりマーク☹（例）

にこにこマーク☺ がもらえそうなこと

- 協力する
- よく考える
- お行儀よくする
- 努力する
- 仲良くする
- 穏やかにする
- 人助けをする
- 楽しむ
- 優しくする
- 我慢する
- がんばりぬく
- 感じよく話す
- 前向きな態度
- 自制する
- 歌う
- にこにこする

しょんぼりマーク☹ をもらいそうなこと

- 攻撃的な態度をとる
- 自分の主張を言い張る
- 失礼なことを言う
- 不平を言う（提案ならよい！）
- 否定する（同上）
- 非難・批判する（同上）
- 荒々しく叫ぶ・いらいらして叫ぶ
- しつこく要求する（丁寧に頼むならよい）
- 反抗する
- 無礼なふるまいをする
- 頼まれたことを無視する
- 乱暴なふるまい
- いやみ・皮肉・あてこすり
- 言葉でいじめる

資料9
スモールステップに分ける（例）

シャワーの浴び方

1. 服をぬぐ。
2. 汚れた服を洗濯物のところに入れる。
3. 後で着るパジャマなどを用意する。
4. ダイヤルで温度を調節する。
5. シャワーの位置を確認する。
6. シャワーを外して片手で持つ。
7. 蛇口をひねり、お湯が出てくるまで待つ。
   （ちょうどいい温度に調節する）
8. シャワーを掛ける。
9. お湯の出ているところに立ち、しっかりと浴びる。
   せっけんやシャンプーを使って体や頭をみんな洗う。
   （スポンジやタオルを使ってもよい）。
10. せっけんやシャンプーをきれいに流す。
11. シャワーを止める。
12. タオルで体や頭をふく。
13. パジャマを着る。
14. 髪の毛をとかす。
15. 髪の毛をドライヤーで乾かす。

資料10
はっきり話すゲーム

　このゲームは2人で行います。カウンター（点数を数えるための札やコインなど）とお手玉1つが必要です。終了した時点でカウンターの点数が高い人が勝ちになります。

遊び方
1. テーブルの真ん中にカウンターとお手玉1つを置く
2. プレイヤーは向かい合って座る
3. 二人で約束した時間にタイマーをセットする
4. 約束した時間の間（最初は3分間）、プレイヤーは交互に話をする。自由な会話でもゲームの前に決めた話題についての会話のどちらでもかまわない
5. 会話は次のページに示すはっきり話す決まり(ルール)にしたがって判定する
6. ゲームの間は、お手玉を持っている方の人だけが話をできる
7. 自分の話が終わったら、相手にお手玉を渡す
8. お手玉を渡す時に、真ん中からカウンターを取って自分の前に置く

ストップをかける
　一人が話している間、もう一人は注意して聞き、はっきり話す決まり(ルール)が一つまたはいくつか破られた時にはいつでもゲームを止める（「ストップ！」と宣言します）ようにします。それからしばらく、どのルールが破られたか話し合います。どちらも思ったことを正直に言い、ストップの宣言が正しく妥当なものかどうか判断します。ストップをかけられた部分を繰り返して"再現する"場合は、ルールを破らないように言い直します。うまくゲームにストップをかけた方の人が、テーブルの真ん中からカウンターを1枚とって自分の前に置き、ゲームを再開します。

ゲーム終了
　カウンターがなくなった時または約束した時間が終わったら、ゲーム終了です。

はっきり話す決まり(ルール)

- **声の大きさ**：大きすぎても小さすぎてもいけない
- **よどみなく話せるか**：何度も止まらない
- **速さ**：速すぎても遅すぎてもいけない
- **はっきり話せているか**：はっきりと話す、もぞもぞしゃべらない
- **イントネーション**：聞き手を飽きさせない、興味を持たせる話し方をする
- **話のマナー**：丁寧に話す
- **文法**：文法的に正しく話す

資料11
そのつもりはなくても人を傷つけてしまうこと

チェックリスト

ASの子どもは他人の意図に気づきにくいので、いじめと人を傷つける意図のない行為との区別がつきません。子どもがその違いに気づいているかどうか確かめるためにこのチェックリストを使って下さい。次のことが分かっているかチェックします。

- ☐ 自分はそのつもりはなくても人を傷つけてしまうことがある
- ☐ 相手にそのつもりはなくても自分が傷ついてしまうことがある
- ☐ 人がわざと傷つけようとしたのか言い切るのは難しいが、確かめる方法はある
- ☐ 人の気持ちはとても大事で、本人がそう思えば傷ついたことになる
- ☐ 人がわざと自分を傷つけようとしたのではないと知ったからといって、傷ついたことは変わらないかもしれない。でも、少し気持ちが楽になる

話し合いのポイント

子どもが違いにどの程度気づいているか知るのは、容易ではありません。本当に理解しているのはどのレベルか知るために、機会を見つけて話しましょう。子どもと話すとだいたいのことが分かります。できれば、家族みんなで雑談したり話し合ったりするとよいでしょう。次のように話を始めてみるのもよいでしょう。

- そのつもりはないのに互いに傷つけ合ってしまうことってあるのかな？
- どうしてこうなってしまったの？
- 自分はそのつもりはなかったのに誰かを傷つけたことはない？
- 相手にはそのつもりはなかったと思うけれど、あなたが傷ついてしまったことはない？
- 誰かがわざとあなたを傷つけたのか確かめるには、何て話したらいいと思う？
- 誰かがうっかり人を傷つけてしまった時は、謝ったり言い直したりしなくていいのかな？

ASの子どもに言っておくべきこと

1. 人は、そのつもりはなくてもお互いに傷ついてしまうことがある。自分だって、そのつもりはなかったのに誰かを怒らせてしまうことがあるし、相手にはそのつもりがないのにあなたが怒ってしまうこともある。

2. 人がわざとあなたを傷つけたり怒らせたのか分からなかったら、相手に直接聞いてもいい。けれど、信頼できる友だちや大人にそのことを相談してみるのもいい。

3. （そのつもりはなくても）人を傷つけてしまったと気づいた時は、とにかく謝るのがマナー。そういう時は、相手が傷つかないように言い直すもの。

理解を深めるために

他人のふるまいに人が傷ついたり怒ったりしてしまうケースで、わざとやったかどうか分からない例を二つとりあげます。

- 誰かがあなたの持ち物を壊した、または傷つけた
- 誰かにつま先を踏まれた

どちらの場面でも、**わざとやった**ことが考えられます。

- 相手が悪いまたは意地悪で、あなたを困らせようとしている。
- あなたが怒らせたり刺激したことに腹を立てて、相手が仕返しをしようとしている。
- 相手があなたに悪いことをさせてトラブルを起こさせようとしている。

それに対し、**わざとやったのでない**ものは次のような場合です。

- 相手がうっかりあなたの玩具を落として壊してしまい、そのことを謝った。
- 相手がたまたまあなたの足を踏んでしまった。前をよく見て歩いていなかったようだ。

資料12
悪意のあるからかいと悪気のない冗談

チェックリスト

あなたのお子さんはどの程度違いを知り、理解していると思いますか？ 悪意のあるからかいと、いじめではない冗談の違いについての理解の程度を知るにはこのチェックリストを使って下さい。

- ☐ 人はよく、面白がって他人をからかうことがある
- ☐ それが相手を傷つけてしまうこともある
- ☐ それは冗談で言っていることもある
- ☐ からかい方が不適切なことがある
- ☐ そのつもりはないのに互いに傷ついてしまうことがある
  気分を損ねてしまったことに双方が気づいていないかもしれない
- ☐ 人にからかわれた時に、冗談で言ったのか傷つけようとしてからかったのか確かめるやり方がある

話し合いのポイント

子どもが違いにどの程度気づいているか知るのは、容易ではありません。本当に理解しているのはどのレベルか知るためには、機会を見つけて話しましょう。子どもと話すとだいたいのことが分かります。できれば、家族みんなで雑談したり話し合ったりするとよいでしょう。こんな風に聞いてみます。

- 人をからかうのはどんな場合でも意地悪なことなの？
- 人が冗談で言っているのをどうやって見分けたらいいの？
- からかってよいのはどんな時で、いけないのはどんな時？
- "悪気のない冗談"ってどんなものだと思う？
- "悪気がない"ってどういうこと？
- 悪意のあるからかいと悪意のない冗談の例を挙げてみて？

ASの子どもに言っておくべきこと

1. 悪ふざけでするからかいは、他人をからかって面白がろうとしてついしてしまうもの。これはよくあることで、なかなか避けられるものではない。

2. からかいの的にされると傷つくし恥ずかしいもの。例えば、きょうだいや学校の生徒がばかにしてあなたのことを「サル」と呼んだら、相手は面白いかもしれないけれどあなたは面白いとは思わない。恥ずかしいし、傷つき、怒るでしょう。

3. 人がからかうのにはいろいろな理由がある。わざと人を傷つけたり、恥をかかせるつもりでからかう場合はいじめになる。からかわれると人は気分を損ねるけれど、からかいが意地悪や悪気でやられているとはかぎらない。からかっている方は冗談のつもりで、相手も面白いだろうと思っているかもしれない。

4. **親しみをこめた**冗談やからかいを"悪気のない冗談"と言って、仲のよい友だちや家族の間ではよくある。これは、無邪気な楽しみを共有しようとしてするもの。

5. からかった時に相手が意地悪をしようとしたのかどうか見分けがつかないことがある。ただ、次のことを覚えていると役に立つ。

   - からかった人が本当に仲のよい人でにこにこしながら言ったのなら、ただの冗談だと思ってよい。

   - 意地悪な人や悪い友だちは、わざと人を傷つけようとするもの。意地悪な人や悪い友だちは、このような人のことが多い。

     ____ 自分の友だちとあなたとでは扱いを変える

     ____ あなたが間違ったり恥をかいたりした時に、人にそのことを言いふらす

     ____ あなたが望んでいないのに、あなたを自分の思い通りにしようと脅す人は、友だちではない

     ____ いつもあなたを見下しているように感じる人

資料13
いじめってなに？

チェックリスト
あなたのお子さんがいじめについてどの程度知り、理解していると思いますか？ お子さんの理解のギャップを知るにはこのチェックリストを使って下さい。

- ☐ いじめは卑劣で良くない行為である
- ☐ いじめは人を傷つける
- ☐ いじめにはいろいろな種類がある
- ☐ どんなものでもいじめは許されない
- ☐ いじめに遭ったら必ず報告すること
- ☐ 大人はいじめを深刻に受けとめ、全力を尽くして対処しようとするもの
- ☐ どんな人でもいじめられるべきではない

話し合いのポイント
子どもが違いにどの程度気づいているか知るのは、容易ではありません。本当に理解しているのはどのレベルか知るためには、機会を見つけて話しましょう。子どもと話すとだいたいのことが分かります。できれば、家族みんなで雑談したり話し合ったりするとよいでしょう。こんな風に聞いてみます。

- ●いじめや意地悪の例を挙げてみて？
- ●今までにいじめを受けたと思ったことはある？
- ●あなたが誰かをいじめたことがあると思う？
- ●いじめは目に見えるものだけを言うの？
- ●いじめをしても良いの？

ASの子どもに言っておくべきこと

　いじめは、人を傷つけることや脅すこと、気分を損ねることを言ったりやったりするものです。いじめは、人の体を傷つけたり持ち物に損害を与えるといった目に見えるものだけではありません。いじめは決して許されないものです。いじめの例には、次のものがあります。

目に見えるいじめの例

- たたく
- 蹴る
- なぐる
- かむ
- 突く・押す
- 持ち物を壊す
- 盗む

目に見えないいじめの例

- 人に対して卑劣なことや汚いことを言ったり書いたりする。
- 人を脅す
- 汚い噂を広める
- わざとトラブルに巻き込まれることをさせる
- 人の話し方をからかって真似る
- 用もないのに名前を呼ぶ
- 無視する
- 例えばゲームに入れないなど、仲間はずれにする
- 本人がしたくないことを無理矢理やらせる
- 先生や世話をする大人が見ていない時に意地悪なことをする
- 人の身長・体重や字のことなどをひどく言ったり汚い言葉でからかう

資料14
いじめにあった時に やってよいこと・いけないこと

やってよいこと

- 誰かにいじめられた時は、自分が悪いのではないと覚えておく
- 信頼できる親や先生に、あったことを正直に話す
- 人に何があったのか報告するときには、信頼のおける友だちが一緒にいてくれると助けになる
- すみやかにそっとその場を離れ、助けを求める
- バスに乗っている時にいじめられる心配があるのなら、運転手や大人の近くに座るようにする
- いじめが続くようなら、人に言って助けを求める
- いじめは悪いことで、それを人に報告するのは **"告げ口" することにはならない**

やってはいけないこと

- （難しいけれど）傷つけた相手に自分がうろたえている素振りを見せてしまう
- 怒ったり攻撃的なやり方で仕返しをする。自分も叩いてしまったら、さらなるトラブルに巻き込まれることになる

訳 注

この巻末資料を通して言えることですが、

「はっきり話すゲーム」で改善を目指している行動
　　⇒ **はっきり話すこと**

ABC分析をしている問題行動
　　⇒ **はっきり話さないことを指摘されてトラブルになること**

となっています。「はっきり話すゲーム」は単純なゲームのようですが、このような背景とそのABC分析に基づいて作られています。ゲームの目標ははっきり話すことですが、それ以上に重要なのは、人に指摘されるのに慣れることと人に言われて直すというよりもルールやお手本にしたがって自分から直す形をとることだと思われます。人に意見された時に、拒絶するのでも服従するのでもなく相手と対等に話し合うことは、対人関係とコミュニケーションの困難をもつASの子どもにとって難しい課題です。また、人に言われたからするのではなくルールやお手本にしたがって自分から変えるというのは、多くのASの子どもにとって最も受け入れやすい形です。はっきり話していないことを直接本人に言ってもトラブルにならないのなら、始めから一日を通じて採点するやり方も十分考えられます。しかし、「はっきり話すゲーム」はASの人のこれらの特徴に十分配慮して考案されています。

　一方で、ASの子どもは、非言語的コミュニケーションの困難の現われとして風変わりな話し方をすることがよくありますが、その理由はさまざまです。運動機能や感覚機能面の困難や、リズム感や声の大きさの調節ができないという問題があるかもしれません。また、言語面の発達の遅れ（LDとの関連）が関わっている場合もあります。本書の巻末資料は、原著者が実践し成果のあったものですが、あくまでも例として挙げています。実際にはそれぞれのお子さんの状態をよく観察し、それぞれに合った目標や方法を選択・設定することが大切です。

役に立つサイト

【国内】
- ●当事者

    理解 to 理解（ペンギンくらぶホームページ）
    http://www2u.biglobe.ne.jp/~pengin-c/

    自閉連邦在地球領事館附属図書館
    http://homepage3.nifty.com/unifedaut/

    フロンティア★ADHD
    http://homepage2.nifty.com/ryantairan/indexhome.html

    自閉症納言のホームページ
    http://www.geocities.co.jp/Milkyway-Cassiopeia/8331/

    アスペルガーの館
    http://www.a-yakata.net/

    アスペルガーライフ
    http://asperger.maminyan.com/

- ●親・親の会

    アスペ・エルデの会
    http://www.as-japan.jp/j/index.html

    東京都自閉症協会
    http://www.autism.jp/

    LD等発達障害児・者 親の会「けやき」
    http://keyakitokyo.web.fc2.com/

    But He is Beautiful
    http://www.geocities.co.jp/SweetHome-Brown/1467/

    マロン日記
    http://maron009.blog90.fc2.com/

- ●専門家系

    かやの先生の「おかあさんのための感覚統合療法」
    http://hwbb.gyao.ne.jp/matsu1-pf/kayano.htm

    Kanza Soft 学習教材集
    http://kanza.qee.jp/

児童精神科医：門 眞一郎の落書帳
http://www.eonet.ne.jp/~skado/index.htm

ABA関係のホームページ
（鳥取大学大学院医学系研究科臨床心理学講座　井上研究室）
http://www.masahiko-inoue.com/

発達障害情報・支援センター
http://www.rehab.go.jp/ddis/

日本発達障害ネットワーク
http://jddnet.jp/

【海外】

Help Us Learn – Applied Behaviour Analysis (ABA)
応用行動分析（ABA）を学ぶサイト
http://www.helpuslearn.com

Aspen – Asperger Autism Spectrum Education Network
アスペルガー・自閉症スペクトラム教育ネットワーク
http://www.aspennj.org

Tony Attwood　トニー・アトウッド博士のサイト
http://www.tonyattwood.com.au

Autism Research Centre　自閉症研究センター
http://www.autismresearchcentre.com/arc/default.asp

Bullying UK　いじめ・オンライン
http://www.bullying.co.uk

National Autistic Society　英国、全国自閉症協会
http://www.nas.org.uk/

Ooops… Wrong Planet! Syndrome
アスペルガー症候群の当事者向けサイト
http://www.planetautism.com

University Students with Autism and Asperger's Syndrome
自閉症・アスペルガー症候群の大学生のためのサイト
http://www.users.dircon.co.uk/~cns/

※ご注意：掲載されているサイトには、個人的な見解などが含まれていることがあります。医学的な情報等は、信頼できる専門家による記述を尊重して下さい。

本書を読んで

　本書は、『ぼくのアスペルガー症候群－もっと知ってよ ぼくらのことを』（野坂悦子訳　東京書籍）を書いたケネス・ホール君のお母さん、ブレンダ・ボイドさんによって著されました。ASの子どもを育てる上で、母親が身をもって学び、会得した子どもの援助についてのアイデアが、本書にはいつでも、誰でもすぐに引き出せるかたちで、まとめられています。我が子がASであると診断されたそのときから、途方に暮れる親にとって、確かな指針となるでしょう。

　私にも、もうすぐ20歳になる大学1回生の高機能自閉症（広義ではASに属する）の息子（工業化学専攻）がいます。ブレンダさんと同様、私自身も、特に専門知識をもたない普通の親からのASの子育てのスタートでした。息子はケネス君より症状が重く、2歳8ヶ月に小児自閉症との診断を受けました。息子は、生後6ヶ月頃から始まる1日に4時間ほどしか眠らない睡眠障害にはじまり、頻発するパニック（パニックの原因は、感覚過敏やディスコミュニケーションによる不満、こだわりへの抵触などが多くの割合を占めていました）、2歳代には、二つめのケーキを与えなかったことで最長10時間のパニックを起こしたこともありました。また、生活が立ちゆかなくなるほどのこだわりなど、息子の子育ては困難を極めました。ことばを初めて発したのも、3歳8ヶ月とことばの遅れが顕著でした。ことばのない息子に、どうすれば行動をコントロールしたり、本人自身が混乱している苦しさから救い出してやれるのか、はたまた、私が息子を愛していることを伝えることができるのか、親の私自身も最初は苦難の連続でした。しかし、息子がどのような世界に棲んでいるのかを知ることから、多くの問題は解決できるようになりました。大学時代に文化人類学を学んだことが救いになりました。アスペ族（我が家では、ASの仲間たちをこのように呼んでいます。本書ではAS星人と表現されていましたが……）がどのような価値観や感性をもっているのか、私たち、非AS人もアスペ族と同じ側からものを見る視点をもてば、おのずとどう対処すればよいのか分かるようになりました（ちなみに、息子も大学に入り、文化人類学の講義を選択しました。息子曰く、非ASの人がどのような価値観をもっているのか、

更に息子にとっては謎の人種＝同じ年頃の女性は、息子の文化人類学の対象のようです）。ブレンダさんは、非ASの私たち親に対して、ASの世界を分かりやすく伝え、無理をせず、生活の中で継続して取り組める援助法を示してくれています。しかも、いつでもどこからでも、必要に応じて読めるように、目次自体が索引になっているところが、すばらしいアイデアだと思います。読者の中には、ASの子育てに大変な困難を抱えている方もおられることと思います。そのような方にとっては、200のアイデアの引き出しをもつ本書が大きな助けになることでしょう。

　ブレンダさんは、ケネス君の支援の方法として、自らABAを学び、それに基づく支援のアイデアを紹介しています。ケネス君にとって、ABAによる支援は大変効果的であったようです。私の息子にとっても、就学前の幼児期には、行動コントロールの支援に大変役立ちました。しかし、年齢が長じるにつれ、ABAの方法では、逆に強迫を生じるようになったことも、また事実です。ブレンダさんも、本書の中で触れているように、ASの子どもも様々です。また、一人の子どもでも成長の時期により、援助方法を子どもの成長に合わせて、柔軟に調節していく必要があります。本書に一貫して通じる筆者の姿勢は、援助支援の方法が先にありきではなく、あくまでも、本人と家族が、楽しく幸せに生きるために何をすべきか、どう支援すべきか語られていることのように思います。ASの本人のみならず、親もストレスを溜めないようにとの配慮が、いたるところに読みとれます。また、親が陥りがちな、恥ずかしさや、怒りの感情を、ASを理解することによって回避できること、ユーモアのセンスをもって解決できることなどは、親にとって大切なことだと思います。ブレンダさんのように智慧と勇気と忍耐を備えた子育ての後には、ASをもつ我が子の魅力と、その子育てに携われた喜びを感じること、間違いなしです。本書を手に取られた親のみなさまが、本書に盛り込まれたアイデアをもとに、自分たち親子だけのオリジナルな子育てに、楽しくチャレンジされることを願っています。

高橋　和子
（大阪アルクラブ統括ディレクター／言語聴覚士・臨床発達心理士）

参考文献

『アスペルガー症候群とパニックへの対処法』ブレンダ・スミス・マイルズ、
　ジャック・サウスウィック著　冨田真紀監訳　東京書籍　2002年
『アスペルガー的人生』リアン・ホリデー・ウィリー著　ニキ・リンコ訳　東京書籍　2002年
『ガイドブック　アスペルガー症候群：親と専門家のために』トニー・アトウッド著
　冨田真紀、内山登紀夫、鈴木正子訳　東京書籍　1999年
『自閉症とアスペルガー症候群』ウタ・フリス著　冨田真紀監訳　東京書籍　1996年
『自閉症とマインド・ブラインドネス』サイモン・バロン＝コーエン著　長野敬、長畑正道、
　今野義孝訳　青土社　1997年
『自閉症の才能開発：自閉症と天才をつなぐ環』テンプル・グランディン著
　カニングハム久子訳　学研　1997年
『ぼくのアスペルガー症候群：もっと知ってよ ぼくらのことを』ケネス・ホール著
　野坂悦子訳　東京書籍　2001年

Alston, J. and Taylor, J. (1995) *Handwriting Helpline.* Manchester: Dextral Books.
Anderson, E. and Emmons, P. (1996) *Unlocking the Mysteries of Sensory Dysfunction.* Arlington, TX: Future Horizons.
Bridge, S. (1995) *The Art of Imperfect Parenting.* London: Hodder and Stoughton.
Chalke, S. (1997) *How to Succeed as a Parent.* London: Hodder and Stoughton.
Durand, V.M. (1998) *Sleep Better.* Baltimore, MD: Brookes.
Faber, A. and Mazlish, E. (1982) *How to Talk so Kinds Will Listen and Listen So Kinds Will Talk.* New York: Avon Books.
Fling, E.R. (2000) *Eating a Artichoke.* London: Jessica Kingsley Publishers.
Goleman, D. (1996) *Emotional Intelligence.* London: Bloomsbury.
Holt, J. (1982) *Teach Your Own.* Hants: Lighthouse Books.
Howlin, P., Baron-Cohen, S. and Hadwin, J. (1999) *Teaching Children with Autism to Mind Read.* Chichester: Wiley.
Jones, C. Folz (1994) *Mistakes that Worked.* New York: Doubleday.
Keenan, M., Kerr, K. and Dillenburger, K. (2000) *Parents' Education as Autism Therapists.* London: Jessica Kingsley Publishers.
Legge, B. (2002) *Can't Eat, Won't Eat.* London: Jessica Kingsley Publishers.
Makin, P.E. and Lindley, P. (1991) *Positive Stress Management.* London: Kogan Page.
Miltenberger, R. (1997) *Behaviour Modification.* London: Brookes/Cole.
Nierenberg, G. and Calero, H. (1980) *How to Read a Person like a Book.* London: Thorsons.
O'Neill, J.L. (eds) (1999) *Through the Eyes of Aliens,* London: Jessica Kingsley Publishers.

著者・翻訳者紹介

ブレンダ・ボイド Brenda Boyd
夫クリス、息子のケネス・ホールとともに英国北アイルランド在住。
息子のケネス・ホールには著書『ぼくのアスペルガー症候群――
もっと知ってぼくらのことを』2001年 東京書籍 がある。

落合 みどり おちあい みどり
アスペルガー症候群の当事者で親でもある。
《著書》『十人十色なカエルの子』2003年 東京書籍、同書英語版
"Different Croaks for Different Folks" 2006年 英国 Jessica Kingsley Publishers Ltd.
同書 中国語繁体字版『十人十色的小青蛙』2008年 台湾 飛寶文化
同書 韓国語版 2010年 韓国 Purengil Co., Ltd.
《編集協力》『自閉症児の特別支援 Q&Aマニュアル』2004年 東京書籍

装　　幀　東京書籍 AD　金子 裕
編　　集　大山茂樹
編集協力　山本幸男

※ 本書は、『アスペルガー症候群の子育て200のヒント』(2006年1月17日 第1刷、2010年2月24日 第5刷発行) の新訂版です。

アスペルガーの子育て 200のヒント

2015年2月12日 第1刷発行

著者　ブレンダ・ボイド
訳者　落合みどり
発行者　川畑慈範
発行所　東京書籍株式会社
東京都北区堀船 2-17-1 〒114-8524
営業 03-5390-7531 ／編集 03-5390-7513

印刷・製本所　株式会社 シナノ パブリッシング プレス

東京書籍　書籍情報（インターネット）http://www.tokyo-shoseki.co.jp
e-mail: shuppan-j-h@tokyo-shoseki.co.jp

ISBN 978-4-487-80928-8　C0037
禁無断転載　乱丁・落丁の場合はお取り替えいたします
Printed in Japan

東京書籍の好評基本図書

ぼくのアスペルガー症候群 もっと知ってよぼくらのことを
ケネス・ホール著　野坂悦子 訳　　A5判 128頁 定価1,300円（税別）
アスペルガー症候群の十歳の少年本人がアスペルガー症候群を語った初の書籍。高機能自閉症やアスペルガー症候群の子どもがなぜみんなと一緒に苦手なのかなどがわかります。
内容 1. ぼくのこと　2. ぼくがちがっているところ　3. ぼくの長所　4. ぼくが信じていること

自閉症スペクトラムへのABA入門
親と教師のためのガイド　　A5判 184頁 定価1,800円（税別）
シーラ・リッチマン著　井上雅彦・奥田健次 監訳　テーラー幸恵 訳
自閉症の子どもの日常生活スキルの獲得や向上、不適切行動の改善の促進に非常に効果的なABA（応用行動分析）の入門書。ロングセラーの新訂版（近刊：カバーデザイン変わります）

アスペルガー症候群への支援 - 小学校編
スーザン・トンプソン・ムーア著　　A5判 224頁 定価2,000円（税別）
テーラー幸恵 訳　特別支援教育のあるべき方向を示すアメリカでの具体的実践例
自らアスペルガー症候群の子を育てながら、小学校教師としての専門性を生かして、ASの児童へのさまざまな効果的な支援のノウハウを提供する

アスペルガー症候群への支援 - 思春期編
ブレンダ・マイルズ ＆ ダイアン・エイドリアン著
吉野邦夫 監訳　テーラー幸恵・萩原 拓 訳　　A5判 272頁 定価2,200円（税別）
アスペルガー症候群の思春期にみられる特徴と評価、中学校・高校での特別支援のあり方を示す。実生活の断片、ケーススタディも掲載。　★アメリカ自閉症協会優秀書籍賞受賞

すぐに役立つ 自閉症児の特別支援Q&Aマニュアル
通常の学級の先生方のために　　廣瀬 由美子・東條 吉邦・加藤 哲文 編著
特別支援教育に取り組む小学校の先生方にすぐに役立つアドバイス満載！
A4判 64頁 並製 2色刷 定価1,000円（税別）

いじめの根を絶ち 子どもを守るガイド
親と教師は、暴力のサイクルをいかに断ち切るか
バーバラ・コロローソ著　冨永 星 訳　　A5判 並製 276頁 定価1800円（税別）
いじめは必ず防げると説く著者がえぐった「いじめ」のすべて。行政・学校関係者・親御さんにいじめをよく知り、いじめの悲劇を防ぐこと──それは大人の責任。

きみも きっと うまくいく 子どものためのADHDワークブック 改訂版
キャスリーン・ナドー ＆ エレン・ディクソン著　　A5判 96頁 イラスト 47点
水野 薫 監訳　内山登紀夫 医学監修　ふじわらひろこ 絵　　定価1,100円（税別）
推薦文　子どもが多動・注意・集中・衝動で心配なとき、具体的・実用的な対応がわかります。大きな字で、イラストも多く、親子で読むのにピッタリです。　市川宏伸

改訂版 2色刷 すぐに役立つ 小児慢性疾患支援マニュアル
文部科学省・厚生労働省 推薦　加藤忠明・西牧謙吾・原田正平 編著　A5判 192頁 定価2000円（税別）
小学校～大学まで、学校において、教師や周囲が慢性疾患の子にどのような配慮・対処をすべきかまとめた唯一の書

東京書籍の好評基本図書

十人十色なカエルの子
特別なやり方が必要な子どもたちの理解のために
落合みどり 著　宮本信也 医学解説　ふじわらひろこ イラスト
A5判　88頁（うちカラー64頁）　定価 1,600円（税別）

大好評の絵本
特別支援教育のコツをカエルの子らの絵でわかりやすく示した。
杉山登志郎先生 推薦

ガイドブック アスペルガー症候群 決定版
親と専門家のために　　四六判 336頁　定価 2,800円（税別）
トニー・アトウッド 著　　冨田真紀・内山登紀夫・鈴木正子 訳

アスペルガー症候群（自閉症で高能力）の人たちの研究を,二十数年重ねてきた著者が,彼らの療育と支援,社会適応などについて,具体的な提案をした決定版ガイド。ロングセラーアスペルガー症候群の人々自身が読んでも,ヒントが得られると英米でも大好評。

アスペルガー症候群と感覚敏感性への対処法
ブレンダ・マイルズ他 著　萩原拓 訳　　A5判 160頁 定価 1,800円（税別）
●感覚の過敏や鈍感の問題の理解と評価,そして具体的な指導法をまとめた
第1章　感覚処理について　　第2章　アスペルガー症候群と関連する感覚の特徴
第3章　感覚処理問題の評価　第4章　感覚の問題に対する指導法
第5章　クリストファーの物語：感覚処理のケーススタディ

大好評

アスペルガー症候群とパニックへの対処法
ブレンダ・マイルズ & ジャック・サウスウィック 著　冨田真紀 監訳　萩原拓・嶋垣ナオミ 訳
パニック発作の原因をさぐる具体的対応を施すための書籍　A5判 152頁 定価1,800円（税別）
第1章　アスペルガー症候群の特徴と行動へのインパクト　第2章　パニックはなぜ起きる? その機能的評価
第3章　自分に気づき、落ちつき、自己管理をうながす手だて　第4章　親御さんの理解のために

自閉症スペクトラムとこだわり行動への対処法
大好評
白石雅一 著　　人とつながることで、発達を促せる！　A5判 並製 264頁　定価1900円（税別）
最高の自閉症支援職人が、本当に具体的な支援のカタチをわかりやすく教えてくれます。辻井正次先生推薦

一緒にいても ひとり
四六判 並製 224頁　定価1,600円（税別）　**大好評**
アスペルガーの結婚がうまくいくために
カトリン・ベントリー 著　室﨑育美 訳　自身の体験から得られたさまざまなノウハウを多くの人が共有し、役立ててほしいと願った著者による幸福への手引き
パートナーがアスペルガー、アスペルガーで結婚を望む人、彼らの支援者、医療・療育関係者らにおすすめ

アスペルガーの男性が女性について知っておきたいこと
マクシーン・アストン 著　テーラー幸恵 訳　　A5判 並製 206頁　定価1500円（税別）